ビジネスを
急加速させる
武器を
手に入れる

最強のコミュニティ

COMMUNITY

松岡督明
MATSUOKA YOSHIAKI

F
フローラル出版

はじめに ～危機的状況でこそ活用したい「ビジネスコミュニティ」～

現代ほど、「コミュニティ」が求められている時代はないと言っても過言ではありません。「オンラインサロン」を始め、「〇〇塾」「〇〇会」「〇〇クラブ」など、私たちのまわりには、すでに多くのコミュニティが存在しています。

コロナ禍によって、私たちの暮らしは大きく変わりました。そのため、ビジネスを始めとするあらゆる活動の環境が変化し、これまでとは異なるやり方を模索せざるを得なくなっています。

それは、私が従事している歯科医院経営に関しても同様です。その多くは、主に院長が一人で悩んでいるケースが多いようです。

具体的には、「どのように治療すればいいのか?」「このコロナ禍の状況で、集客してもいいのだろうか?」「営業の再開と継続はどう判断するべきか?」など、環境変化に対応するべく、悩んでいる人がたくさんいるのです。もちろん、私も悩みました。

ただ、一人で悩んでいても、明確な方向性は見えてきません。本来であれば、過去に経験したことがない事態だからこそ、お互いに知恵を出し合い、それぞれの考えを突き詰めていくかたちで最適解を見つけていくべきでしょう。もちろん、最終的な意思決定は個々人が行うことになるのですが、それまでの過程で考えをより深めることができます。

そして何より、目まぐるしく状況が変わる中において重要なのは、情報の量と精度です。とくに経営においては、いかにたくさんの有益な情報を得られるかが、代表者（経営者や院長）の意思決定を左右し、それが結果につながります。「経営者の仕事は意思決定である」という言葉もあるように、その土台となる情報が未来の鍵を握るのです。

情報収集は、言い換えれば「学び」と表現できるかもしれません。事実、私がコミュニティを運営し始めたきっかけも、「問題を抱えている院長たちが、楽しく学べる場をつくりたい」との思いがあったためです。相互に学び合いながら、より着実な医院経営を実現する。そのための集まりとしての、コミュニティづくりだったのです。

もちろん、単純に学ぶだけでなく「相互に学び合える」ことが大事です。自分だけで学んでいると、それが実践に結びつくことなく、学んだだけで満足してしまう恐れがあります。しかしコミュニティでの学びは、実践結果の発表やその場でのワークショップなど、学びを行動に移すための基礎を提供することができます。

とくに近年では、Ｗｅｂ会議ツールやチャットアプリなどを活用したリモートワークも盛んになってきています。そのため、移動の手間や時間、コミュニケーションにかかるコストを削減できるようになった一方、個々人が孤立しやすくなり、学びと実践に距離が生じやすくなっているように感じます。それは、経営においても同様です。

その点、お互いに学び合えるコミュニティがあれば、孤立していても相互にやり取りでき、お互いの状況を確認しながら、自分の位置をチェックできます。

そして何より、困ったときに相談し合える仲間を獲得できること。それが、現在のような状況においても、支えとなってくれることは間違いないでしょう。それもまた、コミュニティの力です。

さて、そのように有用なコミュニティなのですが、とくに本書において紹介しているのは「ビジネスコミュニティ」です。

ビジネスコミュニティは、あらゆる業種・業態で応用できる仕組みです。私自身はそれを歯科医院の経営者向けに展開していますが、一般的な企業から各種団体でも、同じような仕組みを活用することが可能です。

現状、社会全体が危機的状況にあるのは事実です。しかし、むしろそのような状況だからこそ、私たちは相互につながりをもち、個々の事業をより正しい方向に向かって進めていくべきです。

そのためのヒントが、コミュニティ、とくにビジネスコミュニティにあると信じています。まずは本書において、その中身について理解してみてください。

本書を通じて、一人でも多くの方がビジネスコミュニティによって成長を実現していただければ、著者としてこれに勝る喜びはありません。

第3章

コミュニティでビジネスを加速させる方法

CONTENTS

CONTENTS

ブックデザイン　斉藤よしのぶ
編集協力　浅羽晃
山中勇樹
DTP　株式会社三協美術

第1章

個人でできることには限界がある

第1章では、本書のテーマであるコミュニティについて、その全体像を紹介していきたいと思います。そもそもコミュニティにはさまざまな概念があり、その理解についても人によって異なります。そのうちとくに本書では「ビジネスコミュニティ」を中心に解説し、その有用性や意義を掘り下げていきます。

「はじめに」でも簡単に紹介したように、私自身が従事しているのは歯科経営です。歯科医師として、一般歯科から矯正治療、インプラント治療、審美治療、ヒアルロン酸・ボトックス治療、口腔外科に至るまで、歯科のあらゆる分野を手がけています。加えて、5つの歯科医院の院長・理事長を務めながら、リハビリセンターの経営、3つのコミュニティの運営など幅広い活動も展開しています。

ここで重要なのは、歯科医院も一つの経営であるという認識です。一般的なビジネスを展開している人からすれば、経営に関することを勉強するのは当然と思われるでしょう。

しかし歯科医師を始め、自らのスキルや技術を活かして経営している人の場合、経営面がおろそかになっているケースが少なくありません。

その結果、技術は高いにもかかわらず、医院経営がうまくいかないこともあるのです。

いくら歯科治療の腕がよくても、そこで働いているスタッフをマネジメントしたり、患者への対応を適切に行ったりしなければ、厳しい競争環境で生き残っていくのは難しいでしょう。また、備品の管理やコスト計算なども同様です。

そのような経営の本質をきちんと把握しつつ、細かい部分にまで配慮してこそ、安定した医院経営を実現できます。私自身、患者さんの治療にあたる歯科医師として、かつ歯科医院のスタッフをマネジメントする経営者として、マルチに業務をこなす必要があります。そのため、最高の医療を提供する前提となる教育や設備の充実に力を入れながらも、徹底的に無駄な時間を省くなどの工夫をしています。

たとえば、診療台のサイドテーブルに並べる治療器具や薬品は、最も効率的に使える配置を追求したうえで、診療補助に就く歯科衛生士と共有しています。そうすることで、治療に必要な器具や薬品は、歯科衛生士から瞬時に手渡されることとなります。そうした工夫や心がけの積み重なりが、医院経営を左右することになるのです。

たしかに、一つひとつの作業で短縮できる時間は秒単位なのですが、1日治療を続けていることを考えれば、決して無視できない時間の節約になるとわかります。重要なのは、歯科医師としてだけでなく、経営者として物事を見るということです。

妥協することなく無駄な時間を省くのは、1日に与えられる時間が限られているからです。日々の業務を繰り返しながらも、歯科医師としてスキルを上げ、経営する歯科医院の利益は増やしていかなければなりません。

時間の有効利用が大切なのは、私に限ったことではありません。どの職種でも、時間の有効利用は成果につながります。そして、成果は社会に対する価値につながります。

では、仮に無駄な時間を完全に省くことができたとして、利益は最大化できるでしょうか。残念ながら、そうはなりません。時間の無駄を省くことで個人の能力をフルに発揮することはできますが、個人にはそれぞれのキャパシティがあるからです。

現状は時間の無駄が多く、キャパシティに大きく空きがあるのであれば、時間の有効活用によって飛躍的に成果を上げることができるかもしれません。

しかし、すでにキャパシティの空きが少ないのであれば、個人の力だけで、キャパシティを超える成果を得るのは困難です。

言い方を換えるなら、個人のキャパシティを超えて成果を得るには、何かしらの外部の力を活用する必要が出てきます。そして、そこから「コミュニティ」の活用が検討されていきます。

ではさっそくコミュニティづくりの第一歩を踏み出してみましょう。

そもそもコミュニティって何？

最初に、コミュニティの定義について確認していきましょう。そもそも皆さんはコミュニティと聞いて、どのようなものをイメージするでしょうか。

定義は一様ではありません。そこでこの段階では、いくつかある定義の中で、コミュニティの意味についてイメージを固めていくことから始めてみましょう。

まずは、辞書に掲載されている意味を確認してみます。小学館の『デジタル大辞泉』によると、コミュニティとは「居住地域を同じくし、利害をともにする共同社会。町村・都市・地方など、生産・自治・風俗・習慣などで深い結びつきをもつ共同体。地域社会」とあります。つまり、共同社会や地域社会がその主眼となっているようです。

一方で、同じく小学館の『日本国語大辞典（第二版）』では、「村落、都市、地方など、地域性と共同性という二つの要件を中心に構成されている社会のこと。とくに地縁によって自然発生的に成立した基礎社会をいう。住民は同一の地域に居住して共通の社会観念、生活様式、伝統をもち、強い共同体意識がみられる。地域社会。共同体」とあります。

いずれにしても、地域的なつながりや所属意識を共有した集団であることは間違いありません。重要なのは「共同体」というキーワードです。

もともと共同体とは、血縁や地縁、あるいは感情的、所有などのつながりを軸にしたまとまりのことです。一方で本書では、こうした共同体やコミュニティの定義をより広く解釈し、**「特定の目的を達成するために結成された組織」**まで広げて考えます。そうすることによって、コミュニティを現代的に、かつ多様に活用できるためです。

その定義に対し、イメージとしてのコミュニティに関してもその内容は多岐にわたります。規模だけを見ても自治会のような小さな集まりから地方全体までが含まれるように、かなり幅が広いことがわかります。つまり、言葉の定義だけでなく、そのイメージの捉え方も、人それぞれということになるでしょう。

ただ、いくつかのキーワードに着目することによって、そのイメージを鮮明にしていくことができます。とくにここで取り上げるのは**「居住地域」「利害」「深い結びつき」**の3つです。

1つ目のキーワードは、「居住地域」です。

コミュニティとは?

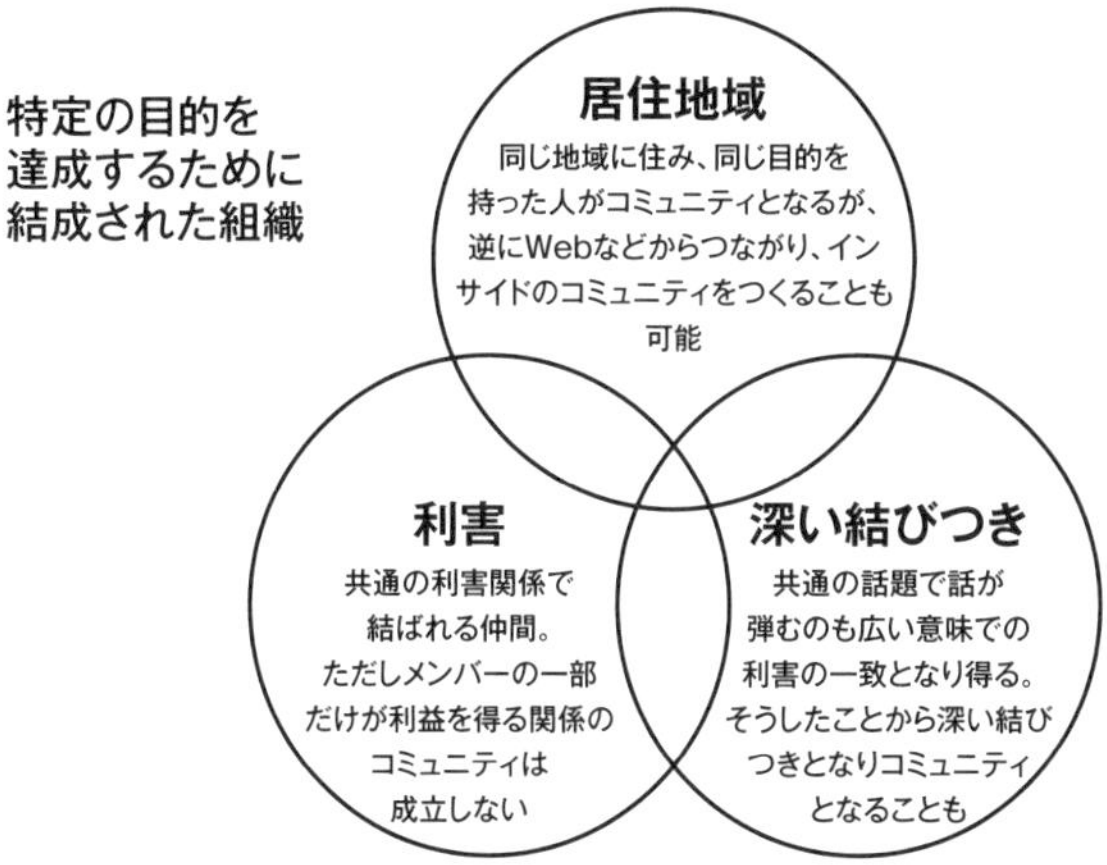
特定の目的を
達成するために
結成された組織
居住地域
同じ地域に住み、同じ目的を
持った人がコミュニティとなるが、
逆にWebなどからつながり、イン
サイドのコミュニティをつくることも
可能
利害
共通の利害関係で
結ばれる仲間。
ただしメンバーの一部
だけが利益を得る関係の
コミュニティは
成立しない
深い結びつき
共通の話題で話が
弾むのも広い意味での
利害の一致となり得る。
そうしたことから深い結び
つきとなりコミュニティ
となることも

インターネットが普及する前の1992年、電波法が改正されて可聴域が半径2〜3kmの超短波放送が認められました。その結果、日本各地の市区町村に開局されたのがコミュニティFMです。

コミュニティFMは、従来のラジオ放送にはない、ごく限られた地域の交通情報や商店街の情報など、地域社会に特化した放送内容を特徴とします。

コミュニティFMは、コミュニティというものの本質的な一面を照らし出しています。コミュニティFMの電波が届くのは半径2〜3km。地域内の深く濃い情報は、圏外に届きません。コミュニティとは、内と外の区別が明快なものなのです。インターネットが普及した今、キーワードの「居住地域」は、「インサイド」と言ったほうが的確でしょう。

同じ地域に住み、同じ目的のために集まる人々がコミュニティとなるのはもちろん、地理的には離れていても、インターネットで結びつく仲間が「インサイド」の集合となり、コミュニティをつくることもできるのです。

2つ目のキーワードは、「利害」です。

町内会や自治会はコミュニティですが、構成員が防犯パトロールをしたり、持ち回りでゴミ回収所の清掃をしたりするのは、地域の安全を守り、美化を進めるためです。突き詰めれば、利害が共通するため、コミュニティが成り立っているのです。

構成するメンバーの一部が利益を得て、一部が損失を被る関係では、コミュニティは成立しません。本書ではコミュニティのつくり方を解説しますが、とくにビジネスコミュニティをつくる際には、コミュニティのメンバーは利害を共通するという考えを前提とすることが大切です。

3つ目のキーワードは、「深い結びつき」です。

同じ地域に住み、毎朝、同じ電車で通勤している人が数人いるが、会釈をする程度で会話はない。当然のことながら、これはコミュニティではありません。何かのきっかけで、1対1の会話が行われ、話題に興味を示した別の一人が会話に加わったらどうでしょう。これはコミュニティに発展していく可能性があります。

共通の話題で話が弾むのは、広い意味で利害の一致であり、また、インサイドにつくられる深い結びつきです。

これらをまとめると、**「居住地域（インサイド）」「利害」「深い結びつき」**によって、人々が集まるのがコミュニティということになります。

濃度の高いコミュニティを選ぶには？

さて、コミュニティのイメージを固めたところで、本書のテーマであるビジネスコミュニティの中身について探っていきましょう。

本来的な意味である共同体や地域社会というものを発展させ、同じ目的をもった者が集まって活動をし、それぞれが実現したいことを互いに力を合わせて達成していくこと。そこに、ビジネスコミュニティならではのポイントがあります。その活動を通じて、参加者が自らのビジネスを成長させていくのが一つのゴールとなります。

大切なのは、**明確な目的があり、その目的を実現するための同志が集まって活動する**ということです。

それぞれ立場は異なるものの、同じ方向性を共有しているからこそ、参加者個々人が成長できるだけでなく、コミュニティ全体としても相乗効果を生み、加速度的な成長を実現することができるのです。それが、コミュニティの強みです。

この目的の共有という点に関しては、本書においても、視点を変えて何度も言及していきます。本書のテーマであるビジネスコミュニティにおいては、同じ目的をもつ仲間が集まり、共に成長していくことに意義があります。

ビジネスコミュニティというと、「業界団体」や「業界の親睦会」などを想像される方もいるかもしれません。それらの多くは、情報交換やつながりの維持など、あくまでもコミュニケーションを促進するための仕組みとして用意されています。

一方でビジネスコミュニティの場合は、相互に関係性を深めるのはもちろん、誰もが結果を出せるようにすることを目指しています。そこでは、表面的な交流が行われるだけでなく、成功事例から失敗事例まで、事業を成長させるために必要な情報を惜しみなくシェアします。それだけに、より深い関係性と密なやり取りが醸成されていきます。

そうしたことから、濃度の高いビジネスコミュニティでは、「合う・合わない」ということが非常に重視されます。遊び半分でいくつものコミュニティに顔を出すというより、**お互いが人間性も含めてマッチするものに参加し、より深くコミットしていくのが基本**です。職業が同じというだけでなく、同じ方向を向いているかどうかが大事なのです。

私がコミュニティをつくった当初は、「歯科医院を経営する院長にとって、必要な情報をすべて盛り込もう」と考えました。もちろん対象者は、歯科医院の経営を盛り上げたいと考えている意欲的な方々です。そのような人に、経営の方法、マインド、考え方、さらには節税や収入源、投資など、成長するために必要な情報を惜しみなく提供しました。

もともとは「コミュニティをつくろう」と明確に考えていたわけではないのですが、同じように院長をしている友人や知人にメッセージや情報を発信していたところ、相談を受けることが多くなりました。院長にもいろいろな人がおり、それぞれ悩みを抱えています。

それらの悩みについて、「ぜひ相談に乗って欲しい」と言われるようになったのです。

そうした声を聞くたびに、私はみんなの力になりたいと思いました。そして、可能な範囲で各種アドバイスを提供しながら、こうした情報を求めている人に対し、もっと適切に伝えられる仕組みが必要だと思うようになったのです。

そこで思いついたのが、目的や志を同じくする人々とともにコミュニティをつくり、相互に刺激を受けながら、成長していくあり方でした。そこから生まれたのが、本書で言うビジネスコミュニティです。

優れたコミュニティには実践とノウハウがある

詳細については後述しますが、ビジネスコミュニティの中には、参加が有料であるものもあります。また金額についても、普通では考えられないほどの高額で提供されているものも珍しくありません。その理由には、得られる情報が他にはないものであり、かつ本気の参加者のみに加わってもらいたいなどの運営側の狙いがあります。

それだけではありません。私自身が運営しているコミュニティがそうであるように、有用なビジネスコミュニティの多くは、成功者の体験を共有することからスタートします。成功者の体験は、書籍やインターネットからも入手できますが、表には出しにくいような失敗談やお得情報など、よりリアルな情報を得るためには、やはりクローズドな環境が望ましいと言えます。

招待制にするなど、クローズドなコミュニティをつくる方法はたくさんあります。ただ、経営というジャンルの性質を考えると、有料・無料という軸が最もシンプルかつわかりやすいかと思います。

ビジネスを成功させるとは、つまりより多くの顧客を得て（シェアの拡大）、利益を上げるということです（売上向上と経費削減）。

それを実現したいのであれば、お金を支払って参加するだけの意欲が必要です。入会金や年会費については、業種・業態によってさまざまですが、中には100万円以上のところもあります。それだけの価値を提供することができ、参加者もまた価値を感じるのであれば、高額でも参加者を集めることは可能です。大切なのは、コミュニティがもたらす価値なのです。

私自身、他の歯科医院では考えられないような速度で、成長を実現してきました。その過程には紆余曲折があり、当然、たくさんの投資をしています。この場合の投資には、設備投資から人材投資まで、幅広いお金の支出を含みます。

もちろんそのすべてが成功したわけではなく、中には失敗したものもあります。その過程があるからこそ、今があるのです。

そのような経緯を経て培《つちか》われたノウハウを、コミュニティでは提供しています。つまり、私自身が投じてきたお金をベースに、そのうちとくに効果的なものを紹介していると言っても過言ではないでしょう。

その点、コミュニティの参加者は、自分で多額の投資をしながら失敗と成功体験を積む必要はありません。そのうち、効果的なものだけを実践できます。

このように、**優れたビジネスコミュニティで提供されている情報は、それを実践した人のノウハウや経験が詰まっています。**

それを、時間とお金を節約しながら学べると考えれば、高額な入会金や年会費を支払っても、価値があると考えられます。もちろん、最終的には個々人の判断になりますが、そこに有料と無料の違いがあるのです。

コミュニティをつくろうと考えるなら、まず無料のセミナーなどに参加することから始めてみるといいでしょう。多くの場合、無料のセミナー（フロントセミナー）を通じて、有料のコミュニティへの参加を促すパターンが基本となります。無料のセミナーで良し悪しを判断し、自分の目指す方向性と合致するものを見つけたうえで、有料のものにもチャレンジしてみてください。

そのときの判断軸となるのは、やはり、有益な情報が得られるかどうかということ。それに加えて、集まっている人々に意欲があり、かつ主宰者（講師）が明確な目的や方向性のもとに人を集めているかどうかです。わかりやすく言えば、支払う金額に比べてそれ以上のリターンが得られるなら、参加する価値があるということです。

ビジネスに限らず、あらゆる活動には情報収集と学びが不可欠です。自分だけで勉強するのではなく、同じ方向を向いている人とともに高め合いながら、有益な情報を自分からも提供していくこと。それが結果的に、自らの活動をより盤石なものとし、持続性と継続性をもたらす要素となるのです。

ビジネスコミュニティで得られる「大きな武器」

ここであらためて、ビジネスコミュニティの有用性について確認しておきましょう。

コミュニティには有料のものと無料のものがあるというお話をしました。そのうち、とくに有料のものに関しては、お金を支払うだけの価値がなければなりません。そうでなければ、コミュニティを維持するどころか、参加者を集めることもできません。入会金や年会費が高額であればあるほどそうでしょう。

そこで、お金を払うだけの価値を提供する必要があるのですが、そのうち、とくにわかりやすいテーマなのが「節税」です。すでに何らかの事業を行っている人であればわかるかと思いますが、節税は、経営の一環として非常に重要な要素となります。納税は避けられないものであるだけに、いかに節税できるかがポイントです。

極端な話ですが、たとえば100万円の会費を支払ったとしても、100万円以上の節税ができれば、そのコミュニティに参加する価値は十分にあると言えます。もちろんそれは金銭的な部分だけを問題にしているのですが、それに加えてつながりという意味においても、１００万円以上の価値を提供する方法はたくさんあるからです。

そのように、**金銭的なメリットとそれ以外の利点を組み合わせて、そのコミュニティが優れているかどうかを見極める必要**があります。

参加するべき優秀なビジネスコミュニティというのは、支払った対価に見合う価値をもたらしてくれるはずです。そうでなければ、多くの方に選ばれるということはありません。

少し具体的な話をすると、歯科医院経営に関しては、クレジットカードの取り扱いも重要になります。クレジットカードの手数料は３％前後が多いのですが、その場合、１００万円の決済をしたら３万円取られてしまいます。そこで、クレジットカードの手数料を半分の１・５％にするなどの情報を得られれば、それだけで費用は半分になるのです。

小さな経費削減と思われる方もいるかもしれませんが、歯科治療には高額なものも多く、その１・５％が決して小さくないのです。当然、その金額が積み重なっていくことで、経営の安定化や設備投資の内容なども変わっていきます。その結果、中長期的な医院経営も変わっていくことになり、成長を実現できるかどうかが左右されるのです。

このような情報は、直接的なお金の問題に関わることであるため、無料で提供するのは

ビジネスコミュニティの活用の流れ

セミナー（勉強会）

さまざまな問題を解決するための知識を得る。経験に基づくアドバイスを受ける

→懇親会でさらに細かい部分をアドバイスする

⇄

懇親会

セミナーでは紹介されなかった細かい部分の工夫について、各人の体験をもとに共有

→SNSでも共有しセミナーにも繋げる

⇄

SNS

メンバーと連絡を取りながら情報収集と発信を繰り返し、その都度、問題解決につなげる

→体験を懇親会やセミナーで共有

難しいです。実際の利益などの数字に関わることなので、クローズドのコミュニティ内で情報提供すべきでしょう。

また、ビジネスコミュニティはセミナー（勉強会）と懇親会がセットになっているケースが多いです。その理由は、懇親会というものが、セミナーでは紹介されなかったような細かい部分の工夫について、各人の体験をもとに共有できる場であるからです。また、相互の関係を深めるという意味でも、懇親会での歓談は重要です。

昨今では、そのような懇親会も難しくなりましたが、一方で、コミュニティに参加していればいつでもつながることができます。その後もチャットやSNSなどで、事あるごとに連絡を取り合いながら、**情報収集と発信を繰り返し、その都度、問題解決に結びつけるこ**

とができます。そのようなつながりが、活動を前に進めてくれるのです。

ビジネスにおいては、シビアにお金の問題が問われます。一方で、売上にしろ費用にしろ、あるいは資金調達に関しても、それぞれが対応しなければなりません。そのための情報を交換し、経験に基づくアドバイスをもらえることは、変化に対して適切に対応するための大きな武器になるのです。

オンラインによって可能性が急拡大

新型コロナウイルスの蔓延によって、ビジネスコミュニティのあり方は大きく変化してきました。事実、これまでは対面のセミナーが主流であったものの、コロナ禍では、オンラインセミナーへの変更を余儀なくされています。ただ、そのような手法の変更によって、これまでとは異なる価値を提供できているのも事実です。

たとえば、コミュニティの参加者を募集する「フロントセミナー」のあり方も変わりました。従来は、フロントセミナーに参加してもらったうえで、コミュニティへの加入を促すという方針でした。しかしそのやり方では、フロントセミナーに参加できない人を取りこぼしてしまいますし、忙しい人ほど敬遠してしまいます。

一方でオンラインセミナーの場合は、集客そのものをフロントセミナーではなく、メールやフェイスブック広告などで実施することができます。当然、広告の内容は精査しなければなりませんが、きちんとつくり込むことによって、意欲のある人を自動的に集客することができます。その後、必要に応じてWeb会議システム等を利用し、セミナーを行います。

このように、**コミュニティの活動をオンライン化することによって、移動の手間がなくなります。**その分、オンラインで有益な情報を提供できるような準備は必要となりますが、忙しい人でも参加しやすくなり、より間口は広がると考えています。

とくに最近では、オンライン対応に慣れてきた人も多く、ハードルは下がっていると言えるでしょう。

もちろん、対面でもオンラインでも、話す内容そのものは変わりません。有料のコミュ

オンラインセミナーのメリット・デメリット

	メリット	デメリット
主催者側	①幅広く集客が可能 ②会場を用意する必要がない ③コストを大幅に削減可能 ④動画等の二次使用も可能	①参加者の反応がわかりにくい ②有料の場合、集金のツールが必要 ③通信トラブルなどのリスク ④個別の質問に答えにくい状況も
参加者側	①心理的に参加しやすい ②比較的、安価で参加できる ③自分の都合に合わせて参加しやすい ④匿名で参加することも可能な場合も	①さぼりがちになるなどモチベーションが維持しにくい ②webの知識に不安があると参加しにくい ③個別の質問がしにくい場合も

ニティである以上、それを実践した人が価値を得られるように情報を洗練し、相互に共有していきます。また、実践内容についてもシェアすることによって、具体的な経営の施策として落とし込むことができ、高い効果も期待できます。

難点としては、オンラインセミナーの場合、懇親会の実施が難しくなります。対面式の場合は、2時間ほど懇親会を行っているのですが、オンラインの場合はそうもいきません。

そこで、質疑応答の時間をしっかり確保するなど、相互にコミュニケーションできる工夫をしています。加えて、セミナー後のフォローも大切です。

入会金や年会費という制度があるため、コミュニティの1クールは1年間が基本となります。その中で、どのような価値を提供するかによって、翌年も参加してくれるかどうかが決まります。そこはコミュニティ運営の戦略次第なのですが、継続してもらう人がいる一方、新しい人にも参加してもらうことが大切です。

その理由は、新しい人が参加することによって、コミュニティの新鮮さが保てるからです。とくにオンラインの場合、若い人も参加しやすいという特徴があるため、年齢や経験の垣根を越えて相互の関係性が生まれやすくなります。フラットな情報交換やコミュニケーションにより、新たなコラボレーションも生じやすくなるのです。

今後、オンラインの可能性はさらに広がっていくと予想されます。コロナ禍によって、多くの人が強制的にオンライン化を迫られた結果、インフラを含む環境整備も進んでいます。また、これまで敬遠していた人の中にも、「使ってみたら快適だった」「より時間を有効活用できるようになった」などの声も聞かれ始めています。

これから先も、こうした声は増えていくことでしょう。対面ではなく、オンラインでつながる新しいかたちのコミュニティが、物理的な距離や言語の壁を越え、さらなる発展をもたらしてくれるかもしれません。

コミュニティは誰にでもできる時代がやってきた

ここまでお読みになった方の中には、ビジネスコミュニティの可能性を理解しつつも、「自分に運営なんてできるかな?」「集客や顧客対応が難しそう……」などと考えている人もいるかもしれません。たしかに、これからビジネスコミュニティをつくる人には、初めてのことばかりです。しかし、その多くは決して難しいものではありません。

私自身、ビジネスコミュニティの運営は誰にでもできると考えています。あらゆる業種業態において、その業界を盛り上げるためのビジネスコミュニティをつくり、運営していくことは十分に可能だと思います。その証拠に、歯科医師として従事し、コミュニティ運営とは無縁だった私でも、ビジネスコミュニティをつくり、運営できているのです。

もちろんその過程には紆余曲折もありました。たとえば、トラブルやクレームなども発生しています。具体的な内容としては、入会時の契約内容で揉めてしまったり、コミュニティに参加すれば「歯科衛生士の採用が保証される」などの誤解があったりなど、さまざまでです。そうした問題には、丁寧に対応することが求められます。

そもそも、ビジネスコミュニティに参加することによって、参加者のビジネスが確実に成功するとは限りません。少なくとも、ビジネスコミュニティに参加するだけで何かが変わるということはないのです。そうではなく、コミュニティの中で得られた情報を実践し、その結果を踏まえて改善していくことで、初めて成長が生まれます。

そうした努力をすることなく、「とにかく参加するだけでいい」と受動的な発想をもっている人は、そもそもコミュニティには向いていません。むしろ、参加者の行動意欲を削いでしまう可能性があります。大切なのは、参加者である経営者・運営者・院長自身が変わること。自分が成長することによって、組織も成長させるという意気込みが大事です。

だからこそ、コミュニティの参加には見極めが重要なのですが、そうしたトラブルやクレームは適切に対処することによって、コミュニティそのものをよりよいものにできます。なぜなら、発生した問題を解消することが、コミュニティ運営そのものの改善にもつながるからです。

いずれにしても、誰もがトラブルやクレームを経験しながら、コミュニティを運営しています。**発生した問題にきちんと向き合い、同じような問題が発生しないように対処して**

いれば、徐々にコミュニティは安定化されていきます。お金の問題に関しても、全額返金や退会時の返金制度を設けるなどし、対処することが可能です。

そう考えると、少しの工夫と努力さえすれば、コミュニティの運営は誰にでもできるということがわかるかと思います。ホームページの設置やSNSの操作など、基本的なITスキルは必要になりますが、それらもできる範囲でかまいません。自分ができる最低限の活動を通じて、徐々にコミュニティを広げていけばいいのです。

もともと「つながり」というものは、規模の大小を問わず、さまざまなところで生じていました。それは人間社会というものが、相互関係によって成り立っており、一人では生きられないことと関係しているのかもしれません。ビジネスにおいても、自分一人でやっていると思っている人でも、本当は、周囲の支えによって成り立っているはずです。

そのような見えない絆を、より活動を成長させるために具現化してみること。それがコミュニティです。インターネットが普及し、テクノロジーが進化している今、コミュニティの創造は容易になっています。また運営に関しても同様です。

まずは、あなたもコミュニティ創設の第一歩を踏み出してみてはいかがでしょうか。

コミュニティに必要な考え方――「強度」

第1章の最後に、コミュニティづくりにおいて重要な「強度」についてもふれておきます。そもそもコミュニティとは、利害が一致する人々の集まりです。互いに目指す方向性を共有し、そこに向かって各々が活動していくための情報提供と共有を行っていくこと。それが、ビジネスコミュニティを運営・参加する意義となります。

つまり、それぞれのビジネスがきちんと成長できるような仕組みをつくり、それをコミュニティとして提供しつつ、実践できるようにするのが「機能するコミュニティ」となります。うまく機能するコミュニティをつくれば、そのコミュニティのメンバーは揃って利益を上げられることとなり、当然、コミュニティの主宰者も利益を向上できます。

その点、自分が手がけるビジネスが伸び悩んでいるなら、ビジネスコミュニティをつくることがその解決策となるでしょう。あるいは、現在は順調に経営できているとしても、将来的により高いステージでビジネスを展開したいと望むなら、ビジネスコミュニティをつくることが実現の近道になると思います。つまり、中長期な成長です。

また、ビジネスコミュニティをつくることは、個人のキャパシティを拡張する有効な手段となります。どれほど優秀な人であっても、一人でできることは限られています。孤軍奮闘して働いたところで、その成果は限られているのです。しかし、ビジネスコミュニティを組織すれば、個人の力を超える力を手に入れることのできる可能性があります。

事実、コミュニティの参加者同士で新しいビジネスが生まれるケースも少なくありません。お互いに持っているリソースが異なっている場合、それらを持ち寄り、新しいビジネスを創出できることがあるのです。このように、経営者同士のつながりというのは、事業の成長にとって重要な役割を担っているのです。

とくに現在は、次々に新しいビジネスコミュニティが組織され、細分化されています。たとえば、自治体が資金面の支援をして旗振り役となり、地域の課題解決や活性化のために、後述するコミュニティ・ビジネスを推進し、地域住民によるビジネスコミュニティが形成されることがあります。まさに、地域性を活かした取り組みです。

また、企業が主体となり、自社製品のファンクラブのような形態でイベントやマーケティング活動を行うビジネスコミュニティも増えてきました。これらは、メンバーが「インサイド」において、「利害」が一致し、「深い結びつき」があることでビジネスコミュニティと言えるのですが、行政活動や企業活動の一環でもあります。

一方で、最初に設立メンバーの目的意識があって、それに共鳴するメンバーが集まり、組織されるビジネスコミュニティもあります。行政や企業が主導するコミュニティよりも自然発生的と言えるでしょう。行政や企業が主導するコミュニティは、心理的に参加しやすいかもしれません。しかし、自然発生的なビジネスコミュニティは、その「強度」においては優位なはずです。

私自身は個人のキャパシティを超えるために『ミリオネアデンティストクラブ』という歯科医師のビジネスコミュニティをつくりました。その経験から断言できるのは、「個人のキャパシティを超える」＝「ビジネスのフェーズを上げる」ためには、メンバーの目的意識からスタートしたコミュニティのほうが有利であるということです。

そこで次章では、コミュニティの種類について確認し、それぞれの違いについて学んでいきましょう。そこから、コミュニティづくりとその運営の要諦、さらにはビジネスコミュニティの強みについての理解を深めていきます。

第2章

コミュニティの全体像を知ろう

第2章では、よりコミュニティへの理解を深めるために、コミュニティの種類とその中身について掘り下げていきましょう。とくに重要なのは、本書のテーマであるビジネスコミュニティと、その他の一般的なコミュニティの違いを理解することです。そこから、どのようなコミュニティをつくり、どのような活動をすればいいのかが見えてきます。

まずは、コミュニティの種類を確認していきます。一般的に「コミュニティ」という言葉で表現されるものとしては、主に、次のようなものがあると考えられます。

・地域コミュニティ

「地域コミュニティ」とは、それぞれの地域に住む人がつくる集まりのことです。主に地域性があるものを指しますが、場合によっては、以前その地域に住んでいたなど特定の現住所に根ざさないものも含みます。また、目的に関しても、その有無を問いません。地域コミュニティの中には、目的があるものもあれば、目的がなく集まるものもあります。

このように地域コミュニティは、これまで対面でのコミュニティの代表でした。コミュニティという言葉を聞いたとき、まずこのような団体を思い描いた人も多いのではないでしょうか。近年では、地域コミュニティのあり方や、それらに求められていることも、徐々に変わりつつあります。ただ、地縁をもとに人が集まるという意味では同じです。

・SNSコミュニティ

対面のコミュニティであるのに対し、インターネットを活用したコミュニティの代表が「SNSコミュニティ」です。ソーシャル・ネットワーキング・サービス（SNS）を活用し、特定の目的のもとに集まりながら、相互に交流したり、コミュニケーションしたりしていくのが主眼となります。

とくにビジネスの世界で活用されているSNSとしては、「フェイスブック」や「LinkedIn」が挙げられます。いずれも一定の利用者を獲得しているSNSであるだけに、形成されているコミュニティも多種多様です。インターネット上でつながれるだけでなく、気軽に参加・離脱できるという点が評価され、幅広く活用されています。

・オンラインサロン

インターネットを活用したコミュニティのうち、とくに近年、急速に広がっているのが「オンラインサロン」です。インターネット上でつくるコミュニティという意味ではSN

Sコミュニティと同じなのですが、大きな違いは、「月額制」という仕組みにあります。つまり参加者は、定められた月額料金を支払い、サロンに参加する形態です。

ビジネスコミュニティにおいても、有料で実施されているものがあります。ただ、オンラインサロンの場合、サロン主宰者を目当てに参加している人も多く、その人と交流するための費用として認識されている部分が強いようです。対象はビジネスだけでなく、趣味やエンタメなど幅広く、料金設定もさまざまです。

・ビジネスコミュニティ

本書のテーマである「ビジネスコミュニティ」の概要については、前章でも紹介したとおりです。その特徴は、明確な目的が用意されていることに加えて、特定の業種・業態に関わるビジネスを成長させることに主眼が置かれていることです。そのため、ビジネスの成長につながらないものは、ビジネスコミュニティの枠組みからは外れることとなります。

その点、コミュニケーションのみを目的とした懇親会や同好会などは、厳密には、本書で定義するビジネスコミュニティには当てはまりません。もちろん、そのような枠組みは優劣を表しているのではなく、あくまでもニュアンスの違いです。とくに有料のビジネスコミュニティには、結果が求められるため、よりシビアであることは間違いありません。

・コミュニティ・ビジネス

ビジネスコミュニティと似ているものに「コミュニティ・ビジネス」というものがあります。言葉は似ているのですが、その内容は大きく異なります。コミュニティ・ビジネスは、地域的なつながりを生かし、その地域を盛り上げるための事業のことです。そのため、集合体というよりは、活動そのものがフォーカスされています。

具体的な活動内容としては、「高齢者支援」「子育て支援」「まちづくり」「地産地消」「外国人の就労支援」などが挙げられます。いずれもNPO法人（Non-Profit Organization：非営利団体）としての活動が中心で、営利を目的としていないからこそ、民間企業が参入しにくい活動にまで手を伸ばすことが可能となっています。

以上のように、コミュニティにはさまざまな種類があります。次項からは、詳細を確認しつつ、コミュニティの本質と、ビジネスコミュニティとの違いを探っていきましょう。

「地域コミュニティ」は衰退化するか？

地域コミュニティとは、地域的なつながりを軸にした人の集まり（団体）を指す言葉です。前述のように、地域的なつながりであることは共通しているものの、目的があるものもあれば、目的がなく集まっているものもあります。

たとえば、特定の目的がない地域コミュニティには次のようなものがあります。

・自治体
・町内会
・婦人会
・青年団
・子ども会

コミュニティの分類

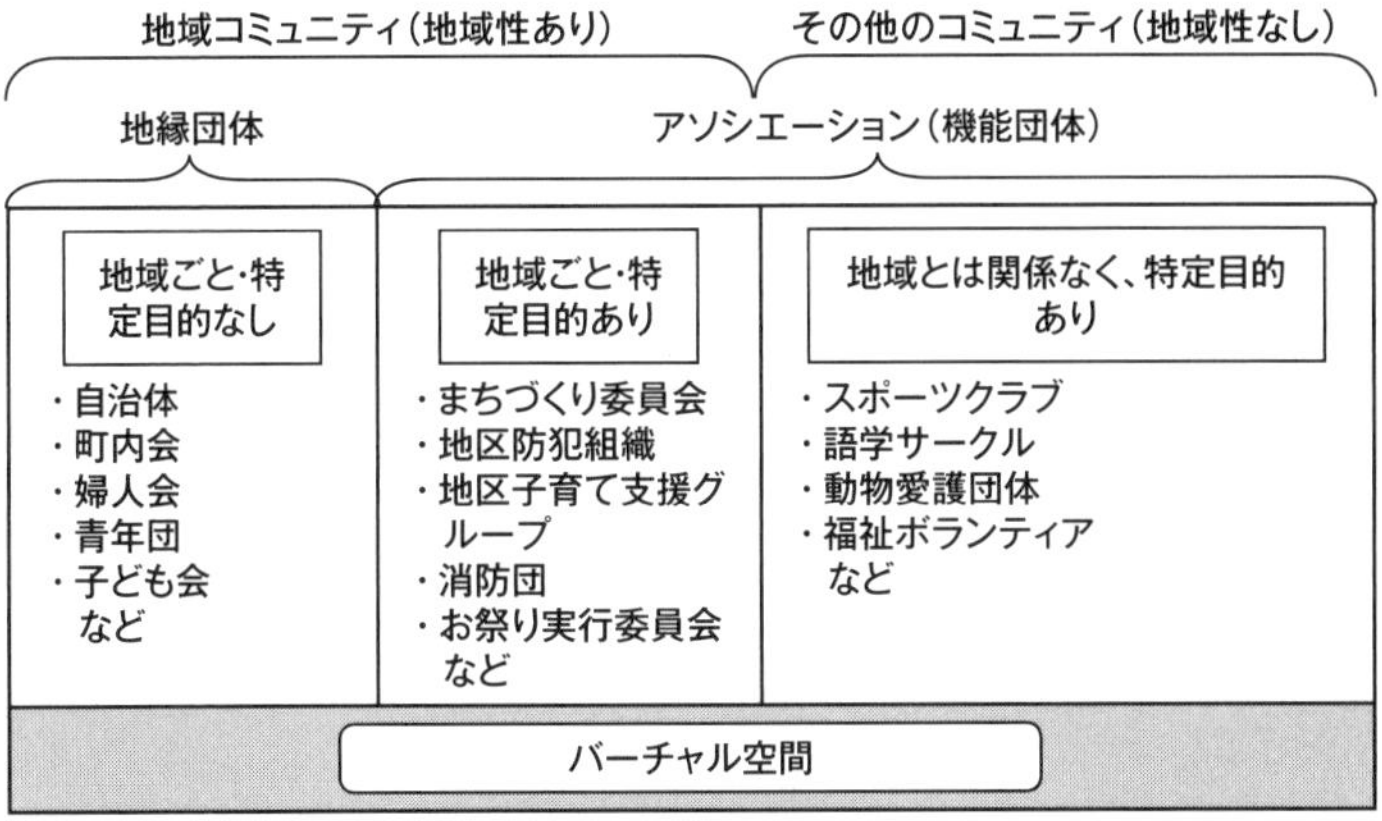

地域コミュニティ（地域性あり）
その他のコミュニティ（地域性なし）
地縁団体
アソシエーション（機能団体）
地域ごと・特定目的なし
・自治体
・町内会
・婦人会
・青年団
・子ども会
など
地域ごと・特定目的あり
・まちづくり委員会
・地区防犯組織
・地区子育て支援グループ
・消防団
・お祭り実行委員会
など
地域とは関係なく、特定目的あり
・スポーツクラブ
・語学サークル
・動物愛護団体
・福祉ボランティア
など
バーチャル空間

出典：総務省「地域コミュニティの現状と問題」
注　上記コミュニティの分類は概念的なものであり、その境界は曖昧であることが多い。

一方で、特定の目的を有する地域コミュニティには、次のようなものがあります。

・**まちづくり委員会**
・**地区防犯組織**
・**消防団**
・**お祭り実行委員会**
・**地区子育て支援グループ**

さて、同資料には、特定の目的を有しているものの、地域とは関係のないものも掲載されています。

具体的には次のようなコミュニティです。

・スポーツクラブ
・語学サークル
・動物愛護団体
・福祉ボランティア

これらのうち、地域に根ざしているものを「地域コミュニティ（地域性あり）」、そうでないものを「その他のコミュニティ（地域性なし）」としつつ、他方で、目的に着目した分類もあります。

たとえば、地域ごとかつ特定の目的がないものは「地縁団体」、地域性にかかわらず目的があるものは「アソシエーション（機能団体）」と呼ばれています。

このように、地域コミュニティにも多様な概念があることがわかります。では、それらの団体はどのような機能を果たしているのでしょうか。

主に、次のようなものが挙げられています。

・生活に対する相互扶助（冠婚葬祭、福祉、教育、防災等）
・伝統文化等の維持（工芸、祭、遺跡等）
・地域全体の課題に対する意見調整（まちづくり、治安維持、山林保全、防災等）

ただ、こうした役割を担ってきた地域コミュニティも、近年では徐々に衰退の兆しが見られています。とくに都市部では、人口が多い反面、定住する人が少ないために地縁的なつながりや共通の価値観が希薄化しつつあります。

また、中間地域でも地縁的なつながりが維持されている一方、徐々に希薄化が進んでいて、過疎地においては、人口減少や高齢化によってコミュニティの維持が難しくなってきています。

一方で、地域コミュニティの可能性は、目的のはっきりした活動を志向する傾向にありそうです。実際にスポーツ、趣味、特定の関心事など、目的のはっきりした活動は広く求められています。

そうした傾向を参考にし、スポーツや趣味性の高いものを活用して地域おこしをするなど、成功する事例も増えてきています。

わかりやすいところでは、地元の温泉を活用した地域コミュニティや、地場産品や特産品の提供、野球やサッカー、テニスを通じて行う地域おこしなど、さまざまなものが挙げられます。

それらに共通しているのは、対象を明確にしたうえで目的のある活動をしていることです。その結果、コンセプトが明確になり、やるべきことに注力できています。

もちろん、すべての施策が成功するとは限りませんが、あらためて地域の中にあるものや活動に着目することによって、地域活性化につなげられるケースもあります。地域コミュニティが機能しなくなってしまうと、地域経済の不振とも重なり、悪循環に陥ってしまうこともあります。だからこそ、これからも欠かせない活動と言えます。

地域コミュニティの継続性を考えたとき、これからはより事業性が求められてくるかもしれません。

そのためには、民間企業と組んで活動を行うなど、新たな展開も求められるでしょう。大切なのは持続性と再現性のある活動を模索すること。それが、これからも続いていく地域社会を下支えすることにつながるのではないでしょうか。

インフラ化した「SNSコミュニティ」

ＳＮＳコミュニティとは、その名の通りＳＮＳ（ソーシャル・ネットワーキング・サービス）を利用したコミュニティのことです。インターネットを活用し、フェイスブックやLinkedInなどのプラットフォーム上で展開することによって、多種多様な活動を行えるのが特徴ということでした。では、なぜこのようなコミュニティが生まれたのでしょうか。

その背景には、インターネットの急速な普及があることは間違いありません。

総務省では、平日における10～60代のインターネットの利用時間を調査しています。

２０２１年８月の調査結果では、全体のネット利用時間の平均は１６８・４分で、テレビの平均視聴時間である１６３・２分を上回りました。これは、２０１２年の調査依頼、初めてのことです。

世代別に見ると、10代は２２４・２分（テレビは73・１分）、20代は２５５・４分（同88分）、30代は１８８・６分（同１３５・４分）、40代は１６０・２分（同１５１・０分）、

50代は130・0分（同195・6分）、60代は105・5分（同271・4分）となっていて、10代、20代においては、その比重が顕著に大きいことがわかります。

また、ネットの利用時間として、その用途については、10代では「動画投稿・共有サービスを見る」。20代と30代は「ソーシャルメディアを見る・書く」が最も多く、40～60代は「メールを読む・書く」がそれぞれ最多となっています。

このようにインターネットの普及は急加速しており、なかでもSNSを抜いて生活はできないという状況も、ここから垣間見れます。

そして誰もが、インターネットにアクセスできる環境が整備され、かつパソコンやスマートフォンなどのデバイスが広く浸透したことによって、私たちのコミュニケーションは大きく変わりました。その過程で、人と人とのつながりを重視したサービスとしてSNSが生まれています。

本来、個人間のコミュニケーションを目的とした会員制のサービスであったSNSも、利用者が急速に拡大していくことによって、その役割も変化していきました。具体的には、不特定多数への情報発信やコミュニケーションの活性化、さらには情報における地域間格差の解消など、社会問題を解決するために利用されるケースも増えてきています。

主なメディアの平均利用時間（全年代・年代別）

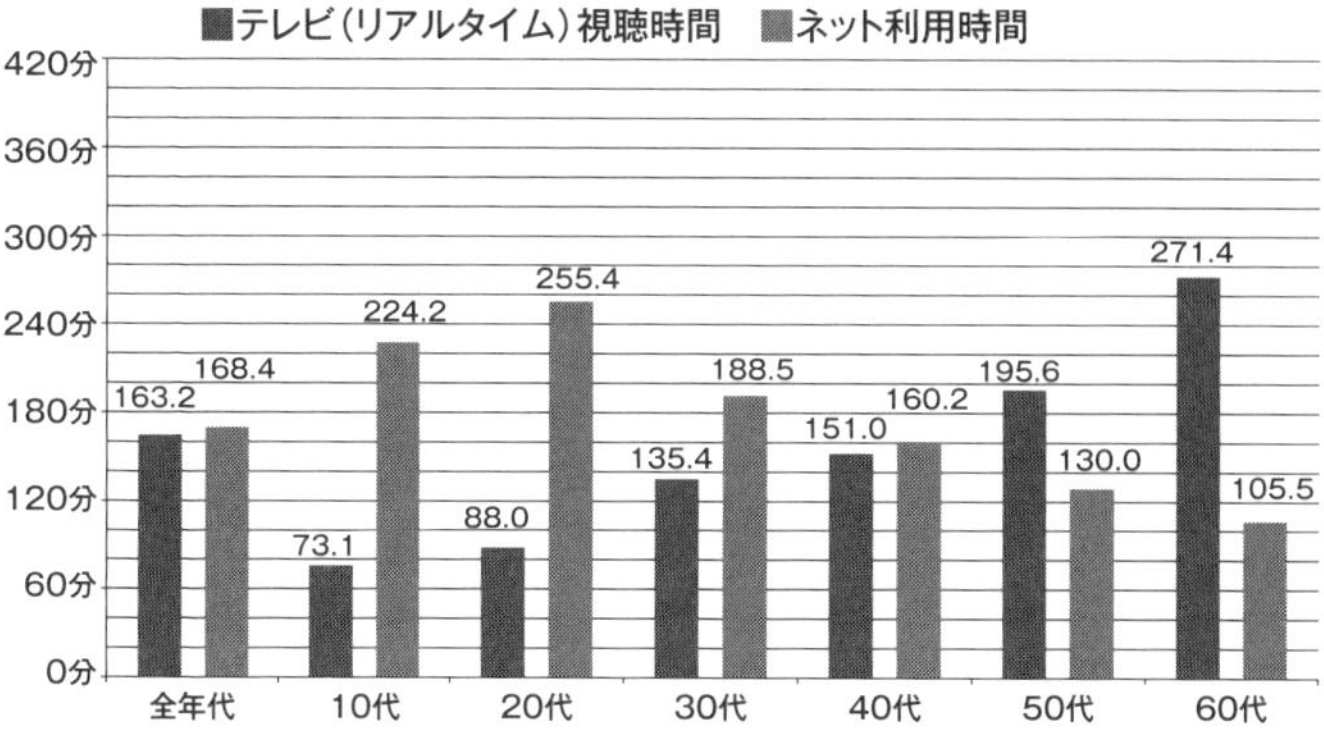

出典：総務省

そうした流れを受けて、とくに利用者が多い世界規模のサービスであるフェイスブックやツイッターなどは、社会的なインフラとなっている側面も否定できません。事実、発信力のある人がそれらのSNSで情報を発信することによって、人々を先導したり、行動を変えたりすることも行われています。他方で、災害情報などの必要な情報提供にも役立っています。

さて、そのような経緯で多種多様な活用がなされているSNSも、特定のコミュニティを形成し、活動するケースが増えていきました。具体的には、趣味性の高いものやビジネスなど、テーマを定めてコミュニティをつくり、相互にコミュニケーションできるものです。とくにフェイスブック等は、そうしたコミュニティを簡単につくれる機能が実装されています。

また、企業のコミュニティや人物や製品に関連するファンコミュニティなども、SNSを通じて形成される場合があります。メッセンジャーアプリのLINEは、チャットや通話を提供するだけでなく、そうしたコミュニティの創造にも寄与しています。たとえば「LINE公式アカウント」や「LINE@（ラインアット）」などの機能が用意されています。またSNS上で、地域コミュニティを補完しているケースもあります。地域コミュニティの中心は地縁的なつながりとなりますが、SNSも活用することによって、リアルの場でつながりにくい若者等を取り込み、オンラインでのやり取りで相互関係を深めています。そのように、気軽に使えるSNSの役割は、さまざまな方向へと広がりを見せているのです。

そんなSNSですが、インターネット上のサービスということもあり、栄枯盛衰が激しいという特徴があります。事実、日本におけるソーシャル・ネットワーキング・サービスのさきがけと言えるミクシィは、フェイスブックやツイッターなどの海外勢に押され、現在ではやや下火になりつつあります。ただ、ミクシィが形成した新しいコミュニティのあり方は、現代にもつながっています。

実際、後述するオンラインサロンやビジネスコミュニティにも、SNSが使われていま す。その中には、インターネット上でどうコミュニティを形成していくのかを模索してき た、過去の試行錯誤が含まれています。これから先、SNS上でどのようなコミュニティ がつくられていくのか。それが、未来の「つながり」を占ううえでも、重要なポイントと なりそうです。

増え続ける「オンラインサロン」

オンラインサロンは、とくにここ数年で伸びてきているコミュニティです。サロンの主宰者を中心に、月額料金を定めて運営されている、オンライン上のサロンがその基本形態となります。それぞれの目的は一様ではないものの、交流やコミュニケーションだけでな

オンラインサロンの分類

交流型	ファンクラブ型
人とのつながりを主な目的とし、プライベートでの悩みの相談なども行われる	アイドルの応援など共通の嗜好を持つ人たちの情報交換の場
マネジメント型	**自己啓発型**
プロジェクトの達成など、明確な目的を持つ人たちの集まり	スキルアップや自己の成長もしくは企業の発展を目的とした人たちの集まり

く、スキルアップや自己啓発など、ビジネスコミュニティと重なる部分も多いです。

近年、とくにオンラインサロンが注目され始めた背景には、多様化するコミュニティのあり方が関係していると思います。本来、人と人とはつながりながら生活しているのですが、一方で、地域コミュニティを始めとする対面でのつながりが希薄化しています。そこで、新たなつながりを模索する中、生まれたのがオンラインサロンです。

インターネットを介してつながるという意味ではSNSコミュニティと似ているのですが、他方でオンラインサロンでは、より密なつながりを創出する工夫がなされています。

具体的には、**コミュニティへの帰属意識を高めるための物語性や演出、さらには自己啓発的な要素など、主宰者のカリスマ性を活かしたコアな運営がなされている**のです。

その結果、既存のSNSコミュニティよりも参加者のコミットメントが強くなり、そこに参加するだけで、心理的な優越感や承認欲求などが満たされるケースも少なくないように思います。その点、明確な目的を設定しているビジネスコミュニティよりも自由度が高く、むしろ「誰とつながるか」に重きが置かれていると言えるかもしれません。

このようにオンラインサロンでは、コミュニティ本来の価値に根ざして運営されています。つまり、何かをするためのコミュニティというよりは、相互につながることそのものに価値を見出しつつ、それを新たなビジネスとして発展させているのです。そのためオンラインサロンの参加者は、これまでにないつながりによる価値を享受できるようになります。

人気のあるオンラインサロンとして有名なものには、西野亮廣さんが主宰する「西野亮廣エンタメ研究所」や中田敦彦さんの「PROGRESS」、堀江貴文さんの「HIU」などが挙げられます。いずれも、お笑いや実業界で活躍してきた有名な人であり、具体的な学びを得られるだけでなく、彼らと交流することがモチベーションを高めることにもつながります。

ただし、有名な人とつながっているだけで成長できるとは限りません。とくにビジネス関連の学びを得たり、実践したい場合には、ただオンラインサロンに参加するのではなく、そこで得られるものを具体的に見極める必要があります。自己啓発という側面が強いものほど、参加しただけで満足しないような注意が必要でしょう。

また、オンラインサロンの中には、それを自らの事業として特化させているケースもあります。具体的には、オンラインサロンで人を集めて収益化し、その運営をビジネスとして展開しているものです。もちろん内容が伴っていればいいのですが、そうでない場合、参加者は支出だけが積み重なってしまい、得られるものがないこともあるでしょう。

そうならないよう、**そのオンラインサロンがどのような中身を有しているのか**、あらかじめチェックしておくことが大切です。また、**得られた価値をどう活用できるのか**を、自分の活動に照らし合わせて精査する必要もあります。仕組みとして優れているからこそ、その実態をきちんと把握することが求められます。

他方で、自らオンラインサロンを運営する場合も、同様の視点をもつ必要があります。つまり、集客することだけに力を入れてしまい、中身のない活動をしていると、集客も継続も難しくなります。とくに昨今では、オンラインサロンを主宰する人も増えているため、提供する価値にも力を入れる必要がありそうです。

目的を明確にしやすい「ビジネスコミュニティ」

本書のテーマでもあるビジネスコミュニティについてもおさらいしておきましょう。ビジネスコミュニティとは、参加者のビジネスを成長させることを目的とし、同じ志や方向性を共有する仲間が集まって展開される活動です。ビジネスに特化しているということもあり、売上向上や経費削減など、経営に直結する内容が中心となります。

とくに私は、**ビジネスコミュニティにおいて重要な要素に「マインド」を挙げています**。実際の情報提供には歯科治療に関連する内容や節税も含まれるのですが、その土台となるマインドがきちんと醸成されていないと、話した内容が正しく理解されません。それどころか、話したことが理解されずに、失敗を繰り返してしまうこともあります。

そうならないよう、具体的なテクニックやノウハウを下支えするマインドの醸成が大切です。具体的には、フェイスブックなどを活用して仕事術やマインドについての投稿を行い、その内容について理解・共感できる人を中心にセミナーへの参加を促しながら、最終的に、ビジネスコミュニティへの加入を促進していきます。そのような流れで、コミュニティを形成しているのです。

とくに私たちのコミュニティは、対象が歯科医院の院長ということもあり、ターゲットが明確です。ターゲットが明確ということは、その人々が抱えている悩みの方向性も把握でき、より必要とされる情報を提供することができます。マインドを醸成したうえで、具体的な情報発信を行えば、コミュニティの質はより高まります。

もちろんビジネスコミュニティにおいても、SNSコミュニティやオンラインサロンで行われているような工夫が実施されています。そのため、明確な線引きをすることはあまり意味がなく、むしろ、どのような違いがあるのかにフォーカスしたほうがいいでしょう。

その点、繰り返しになりますが、ビジネスコミュニティのゴールは明確です。

極端な話、ビジネスコミュニティに参加する意義は、自分が行っている事業の成長に尽

きます。つまり、そのビジネスコミュニティに参加することによって売上の増加や経費の削減、節税など、何らかの具体的な成果を得られないのであれば、見直す必要があるということです。それだけに、参加の意義がわかりやすいコミュニティでもあります。

もちろん、ビジネスコミュニティに参加して、すぐに結果が出るとは限りません。しかし、参加者が実際にどのような成果を出しているのかを見ることはできますし、主宰者の状況、さらには提供されている情報の中身を見ながら、良し悪しを判断することも可能です。そうした過程を経て、ビジネスコミュニティを評価するようにしましょう。

そのうえで、表面的なことだけでなく、**マインドや仕事術など、ビジネスを展開するうえで欠かせない視点が提供されているかどうか。**そこまで見ておけば、自分がそこに参加して何を得られるのか、参加してから一定の期間を経てどのようにビジネスを成長させられるのかが、イメージできるようになるでしょう。

また、ビジネスコミュニティにはゲストが参加することも少なくありません。その大半は、主宰者の人脈や過去の受講生などですが、それらのゲストがどのような人であるのかを見極めることによって、そのビジネスコミュニティが優秀かどうかを判断することもできるでしょう。やはり、成功者のまわりには、同様の成功者がいるものです。

彼らの中で共有されてきた情報を得るだけで、それを自分のビジネスに応用し、成果を上げることも可能です。本来、クローズドのコミュニティはそこに価値があります。主宰者としては、有料にすることで参加者を精査しつつ、提供する情報もまた洗練されていく。そうした経緯を経て、ビジネスコミュニティ自体も成長していきます。

公共性の高い「コミュニティ・ビジネス」

ビジネスコミュニティと似ているものに「コミュニティ・ビジネス」というものがあります。コミュニティ・ビジネスとは、主に社会の困りごとを解決する事業のことで、主体となるのは市民です。その点、他のコミュニティとは異なり、人と人が集まるというよりは、展開される活動（事業）の方に主眼が置かれています。

ただ、コミュニティ・ビジネスにおいても、コミュニティとしてのつながりが重要視さ

コミュニティ・ビジネスとは

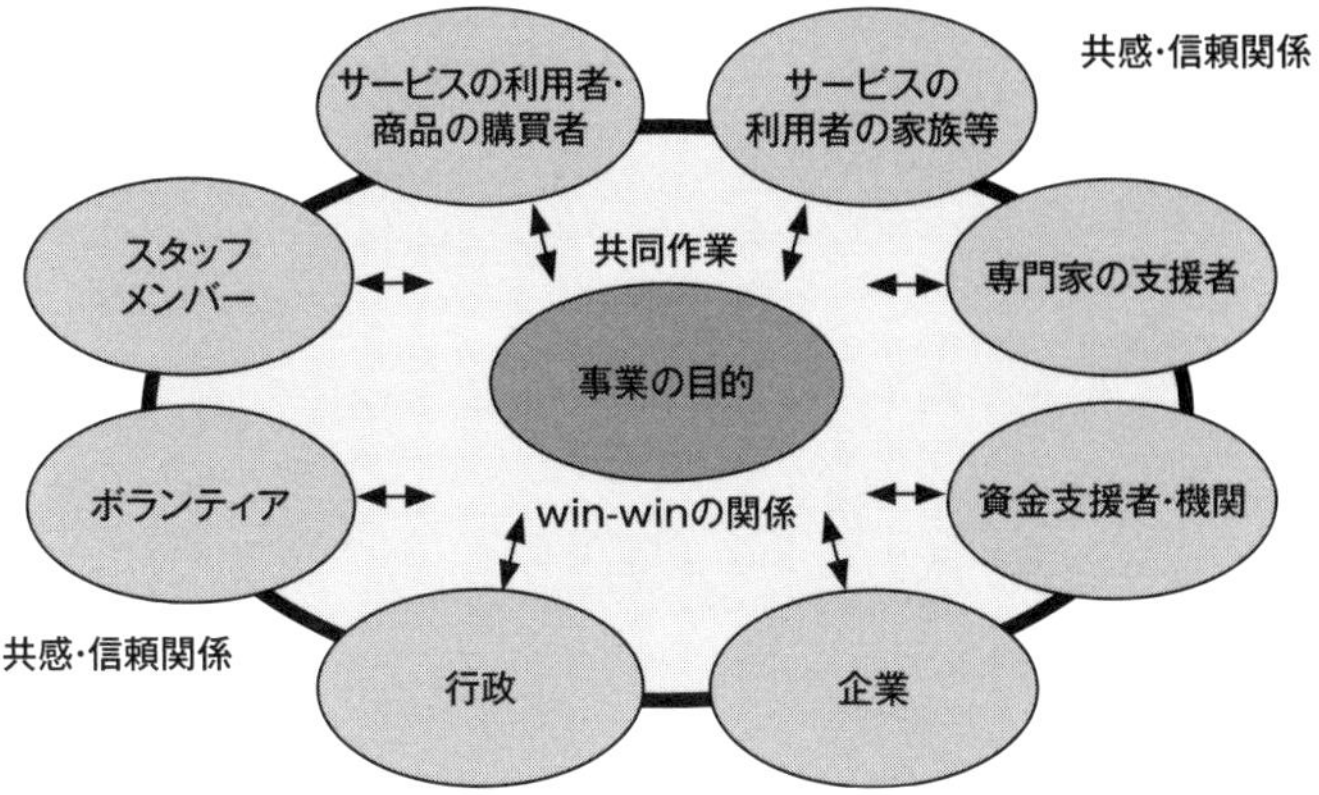

出典:経済産業省

れていることは間違いありません。コミュニティ・ビジネスに期待されているのは、その地域の再生、活性化、多様化、課題解決などであり、最終的には地域経済の再生や交流の促進などが目指されています。つまり、相互コミュニティを生むための事業とも言えるのです。

他のコミュニティが、地縁や何らかの目的に沿って形成されるのに対し、コミュニティ・ビジネスは、その地域のコミュニティを自然発生的に醸成するような役割を担うこともあります。

その点において、これからコミュニティをつくる人は、コミュニティ・ビジネスの活動について研究しておくことも決して無駄にはならないと思います。

経済産業省によると、「コミュニティ・ビジネスとは、地域の課題を地域住民が主体的に、ビジネスの手法を用いて解決する取り組み」と定義されています。この説明から想像されるのは、「ソーシャル・ビジネス」という発想です。ただ、ソーシャル・ビジネスが社会課題の解決を目指すのに対し、コミュニティ・ビジネスは地域的な課題にフォーカスしています。

コミュニティ・ビジネスが注目されるようになった背景には、地域社会のあり方が変わってきたことが挙げられます。地域コミュニティのところでも言及しているように、近年では、地域性を軸にしたコミュニティが希薄化しつつあります。また、私たちのライフスタイルも変化し、居住形態や家族のあり方も変わってきています。

その中において、地域社会はどのような役割を担っていくべきなのでしょうか。そうした課題感をもとに、民間企業を軸にした経済活動だけでなく、地域のつながりを軸にした新しい活動を展開し、より魅力的な社会をともに形成していくこと。それが、コミュニティ・ビジネスを生んだ背景であり、期待されている役割でもあります

もともと各地域には、それぞれの文化や歴史、風土などがあります。それらは、地縁的

なつながりで維持されてきたものも多く、一方で、人口減少や少子高齢化、過疎化によって失われつつあるものもあります。そうした価値に着目し、あらためてその地域らしさを活かした活動を展開することも、広く求められていると言えるでしょう。

その点、NPO法人などがコミュニティ・ビジネスを展開する事例も多いのですが、他方で、経営的側面が求められるのも事実です。つまり、コミュニティ・ビジネスのような地域性が強い活動においても、事業として成立するかどうか、継続していけるかが問われているのです。そうした事業性の観点が、活動をより洗練させるのです。

これは他のコミュニティにも言えることですが、無料で行われる活動には、自ずと限界があります。初期の段階で参加者を募るためには効果的である反面、参加者が多くなりすぎると、情報の価値が低下してしまいます。また、モチベーションがそれほど高くない人も参加してしまうと、結果的に、コミュニティの質にも影響してしまうのです。

その点において、**コミュニティ・ビジネスにも事業の自立や継続性が求められます。**参加者は、活動を通じてビジネススキルも高めつつ、事業として成り立たせていく方法を模索しながら、かつ地域社会への貢献を続けていく必要があるのです。難しい取り組みではありますが、だからこそ、その成功事例には学ぶところがたくさんあります。

ビジネスを加速させるコミュニティをつくろう

以上のように、コミュニティにはいろいろなものがあります。そのうち、ビジネスコミュニティが目指すのは、参加する個々人のビジネスを成長させることであり、そのために必要な学びを提供することです。あるいは、有益な情報を提供することによって、互いに刺激を受け合い、一人ではできない相乗効果を生むことも含みます。

あらゆるビジネスがそうであるように、歯科医院の経営もまた、次々に問題が発生します。歯科治療に関することはもちろん、患者の管理（顧客管理）、スタッフのマネジメント、売上や諸経費、広告・集客など、一般企業と同様の課題に悩んでいる院長も少なくありません。そしてそれらの問題は、状況に応じて変わってきます。

新型コロナウイルスの影響などはとくに顕著ですが、そうでなくても、経営は外部環境の変化に大きく影響されます。その点において、昨日までは常識だったことに関しても、明日は通用しない可能性があります。だからこそ、常に情報収集を怠らないようにし、より最適な意思決定ができるよう、取捨選択していくことが求められます。

ただ一方で、日々の治療や医院経営に追われている院長には、時間がありません。そのため、巷《ちまた》にあふれる膨大な情報の中から、よりよいものを精査・選別し、意思決定につなげていくことは容易ではありません。書籍などで勉強することもできますが、一人で学べることには限界があり、それだけでは不十分なのはすでに述べたとおりです。

そこで、経営に役立つビジネスコミュニティへの参加が重要となります。コミュニティの意義については、さまざまな種類の事例を通じて見てきましたが、とくにビジネスコミュニティでは、「つながり」「情報提供」「実践」などの観点から、参加するだけでなく実際の経営に役立てられるような運用が期待されています。

その点においてシビアである反面、優良なビジネスコミュニティを自らつくったり、参加することができれば、それが経営の課題解決に直結する可能性が高くなります。さらに、経営課題は断続的に発生していくものであるため、ビジネスコミュニティに参加しながら刺激を受け続け、成長を止めないこともまた重要となります。

あらゆる事業において、経営にはゴーイング・コンサーン、つまり継続企業の前提が求められます。継続性が前提になっているからこそ、関係者も安心して取り組めるのであり、そうした活動が地域や社会、人々に安定的な価値をもたらします。そのため企業の成長も、持続的に行われていることが求められます。

その成長を担保する活動として、ビジネスコミュニティがあると言っても過言ではありません。とくに医院経営のように、院長が孤立しやすい事業体では、積極的に外部との交流を行うことが大切です。しかもそれが仕組みとなっていることが望ましいでしょう。懇親会などへの単発的な参加ではなく、やはり、コミュニティであることがベストです。

なぜなら、参加者同士の活動や交流自体が他の参加者の成長を促すからです。

もちろん、自分が期待するようなコミュニティがないのであれば、自分で立ち上げることも可能です。同じ志や方向性を共有する仲間に声をかけたり、あるいはSNSなどを活用して人を集めたりなど、できることはたくさんあります。最初は少人数からでも構いません。コミュニティを育てていけば、やがて規模は大きくなります。

経営に役立つコミュニティは、現在だけでなく将来的にも、大きな武器となります。そのための創造と参加、両方の面から、ビジネスコミュニティの価値を見つめ直してみてください。

次章では、コミュニティの具体的な中身について、掘り下げていきましょう。

第3章

コミュニティで
ビジネスを加速させる方法

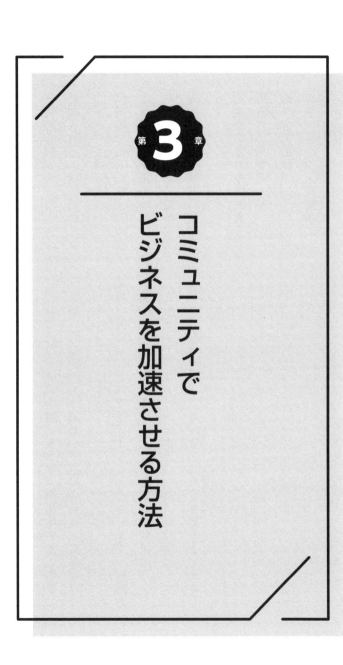

第3章では、ビジネスコミュニティの種類をもとに、その内容への理解を深めていきましょう。それがビジネスを加速させるための第一歩です。

そもそもビジネスコミュニティは、2つのタイプに大別できます。同業種の方が集まって形成される「同業種コミュニティ」と、異業種の方が集まって形成される「異業種コミュニティ」です。

同業種コミュニティの特徴は、垂直方向にビジネスを強化することにあります。垂直方向とは、自分が携わっている事業を直接的に掘り下げていくような活動を指します。

私が運営する歯科医師の集まり「ミリオネアデンティストクラブ」は、同業種コミュニティに分類されます。同業種コミュニティのメリットには、次のようなものがあります。

・知識やノウハウの共有
・技術のアップデート
・競争力の強化
・モチベーションの継持

たとえば、知識やノウハウの共有は、問題の解決に力を発揮します。メンバーは、同じ職業に就いているため、そのビジネスにおける多くの問題を共有しており、それを解決するためにそれぞれが日々、努力をしています。そうした中で思いもよらぬ方法で改善しているメンバーがいれば、それを自分のノウハウとして、効率的に改善することができます。まさに「三人寄れば文殊の知恵」を実現できることは、同業種コミュニティの大きなメリットです。

一方で、異業種コミュニティの特徴は、水平方向にビジネスを拡張することにあります。水平方向とは、自らの事業とは直接的に関連しない分野の知見も含めて、幅広く情報を交換し、相互に応用していく活動を含みます。その点、同業種コミュニティよりもさらに多種多様で、かつ予測できないポテンシャルを秘めている可能性もあります。

そんな異業種コミュニティのメリットには、次のようなものがあります。

- ビジネスの横展開
- 意外性のある知見
- 新しいビジネスモデルの創造

ビジネスは横に展開することで、成長の可能性が高まります。従来の市場で従来の業務を続けていれば、ビジネスとはパイ（客）の奪い合いとなり、消耗戦にもなりかねませんが、ビジネスを横に展開して、新たな市場を開拓すると、競合相手のいないストレスフリーのビジネスをすることもできるのです。

また、他業種の人から意外性のある知見を得ることによって、自分自身の発想力や視野が広がります。そのような刺激は、一つの事業にとらわれない柔軟性を養い、これまでとは異なる方向への拡大を後押ししてくれるのです。その点、個々人の好みに左右されることなく、新しい学びを得られるチャンスが広がります。

その結果、新しいビジネスモデルの創造につながることも期待されます。異業種のコラボレーションによって新しい事業が創造されることは珍しくありません。また、複数の多様なアイデアを組み合わせるだけでも、新規事業の種になります。新しいビジネスモデルが、既存の諸課題を解決し、イノベーションを起こすことも少なくありません。

このように異業種コミュニティには、さまざまな利点があります。従来のビジネスをより発展させ、拡大していくための、起点となることが期待されるのです。

同業種同士で共通の課題を解決しよう

同業種コミュニティの中身について、より詳しく見ていきましょう。例として、歯科医院の経営における、同業種コミュニティの意義とその必要性を考えてみます。

みなさんは、予約のキャンセルが多くの歯科医院の経営を圧迫していることをご存知でしょうか。

患者さんの中には、予約日が迫っていても軽い気持ちでキャンセルをする方がいるのですが、キャンセルはそのまま売上の減少につながります。そのため、歯科医院の健全経営には、キャンセル率を一定以下にとどめることが必須なのです。

その問題点としては、キャンセルに抵抗感がない患者さんにもあるのですが、患者さんの意識と行動を変えられない歯科医院の側にもあるというのが、私の考えです。宿泊施設のドタキャンが少ないのは、当日のキャンセル料は100%というように、ペナルティが広く認識されているからです。もちろん、歯科医院が宿泊施設と同質のペナルティを設けるわけにはいきませんが、患者さんに、キャンセルに対する抵抗感をもってもらうことは可能です。

そこでミリオネアデンティストクラブでは、患者さんに、キャンセルに対する意識を変えてもらい、キャンセル率を下げるノウハウを共有しています。具体的にどんな対策をとっているのかについては後述しますが、こうした経営上の難題を「文殊の知恵」で解決できるのは、同業種コミュニティのメリットとなります。

また、技術のアップデートについても、経営手法のアップデートと同様に重要です。同じ目的意識をもったメンバーが集まることにより、更新のスピードが速くなることを期待できます。

私自身としては、歯科医院の独立開業を控えていたころ、ある先輩医師にアドバイスを求めました。診療台の選び方や設置する数、スタッフの育成法、患者さんの集め方、インターネットの活用術、診療に取り入れるべき最新技術など、考えなければならないこと、決断しなければならないことはたくさんありました。歯科医院は初期投資が数千万円から億の単位でかかるため、開業で躓《つまず》くことはできないのです。

私の質問に対して、先輩は親切に答えてくれて、感謝しているのですが、私はアドバイ

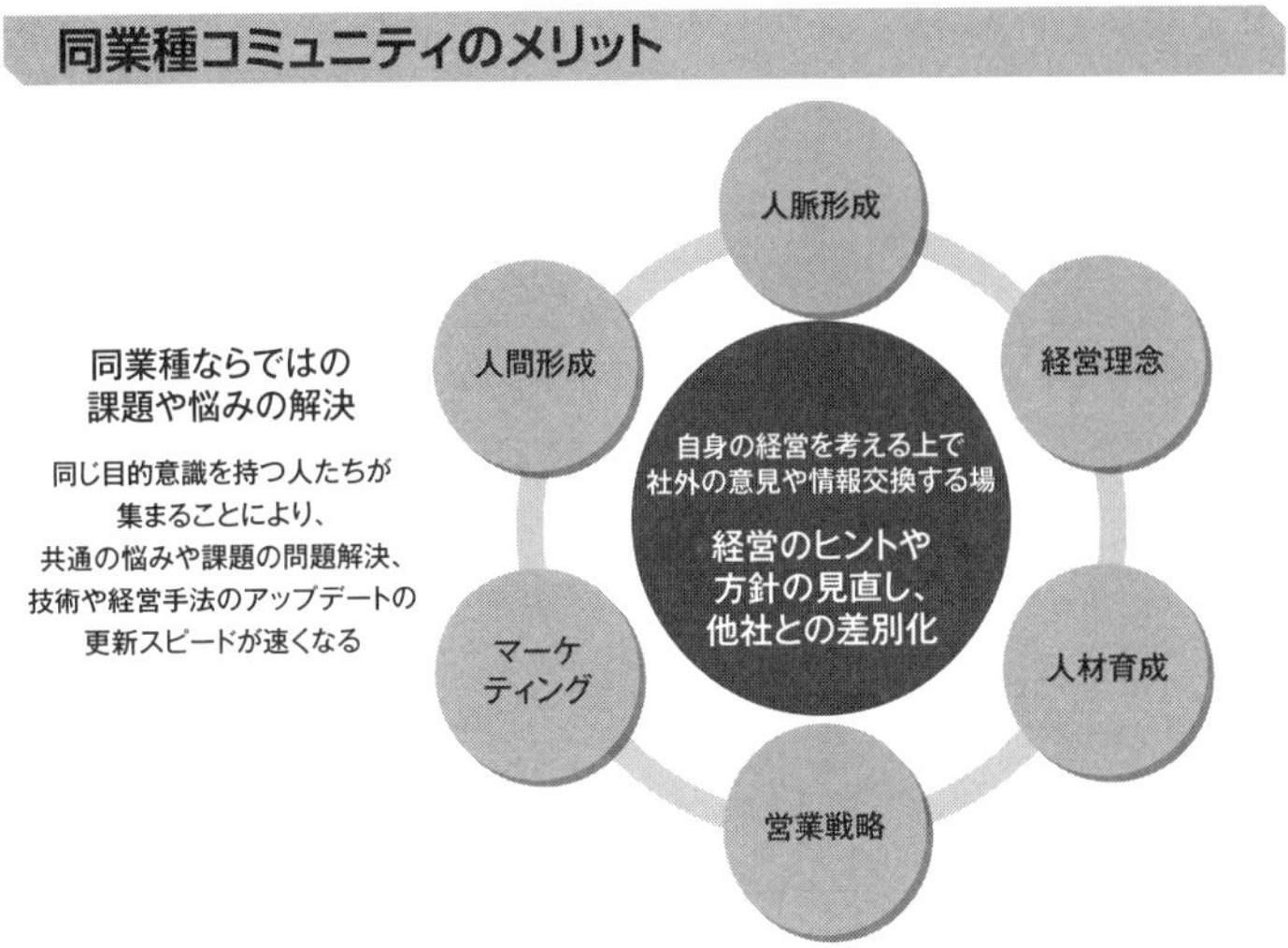
同業種コミュニティのメリット
人脈形成
経営理念
人材育成
営業戦略
マーケティング
人間形成
自身の経営を考える上で
社外の意見や情報交換する場
経営のヒントや
方針の見直し、
他社との差別化
同業種ならではの
課題や悩みの解決
同じ目的意識を持つ人たちが
集まることにより、
共通の悩みや課題の問題解決、
技術や経営手法のアップデートの
更新スピードが速くなる

スに従いませんでした。正直なところ、ピンとこなかったのです。

先輩の歯科医院は経営が順調です。ただそれは、先輩にとっての成功体験であり、私が行う歯科医院経営に当てはまるとは限りません。私は、日進月歩である歯科技術や、その他の環境変化も含めて、設備の更新やスタッフの育成までを含めた継続性の高いあり方を模索していました。より、将来を見据えた方法を検討していたのです。

歯科医師は、腕一本で稼いでいけるという職人気質をもちがちであり、ともすると経営が疎かになります。そして、そのことに無自覚であることが多いのです。経営に対する目的意識が明確な歯科医師は、技術や経営手法をアップデートしますし、それと連動して売上も伸びます。そのアップデートに関する最新情報が、同業者コミュニティでは得られるのです。

これはもちろん、歯科医師に限ったことではありません。すべてのビジネスにおいて、技術や経営手法のアップデートは、経営改善を利益増をもたらします。その意味でも、同業者コミュニティは重要なのです。

競争力の強化は、ビジネスで利益を上げるための成功法です。どんな業界にも市場規模があり、利益を伸ばすということは、パイを奪うことに他なりません。同業者コミュニティでは、知識やノウハウを共有し、技術をアップデートすることができるのですが、結果としてそれらは競争力を強化します。同業者コミュニティは、その業界で勝ち抜くための「インサイド」なのです。

そんな同業種コミュニティの詳しい内容は、第4章で解説していきます。

異業種コミュニティとのコラボはアイデアの宝庫

さて、そんな同業種コミュニティに対し、異業種コミュニティにはどのような特徴があるのでしょうか。そもそも、異業種コミュニティはビジネスを横に展開しやすい仕組みになっているということでした。扱う商品やサービスが異なるメンバーが集まり、かつ「深い結びつき」があるため、商品やサービスの販売機会は多くなります。

同業種コミュニティのように、その中での販売額を増やすだけでは、自分の会社を大きくできるとは限りません。もちろん、同業種で共有される情報が経営改善に直結することも多いのですが、そこからさらに事業を拡大したり、ビジネスの多角化を検討したりする場合、より幅広い情報収集とコミュニケーションが必要となります。

そこで、異業種コミュニティを活用します。**異業種コミュニティに参加する醍醐味はまさに、キャパシティの拡大にあるのです。**横展開を可能にする異業種コミュニティを活用し、自社のキャパシティを拡大していけば、事業の可能性は大きく広がります。それはま

異業種コミュニティのメリット

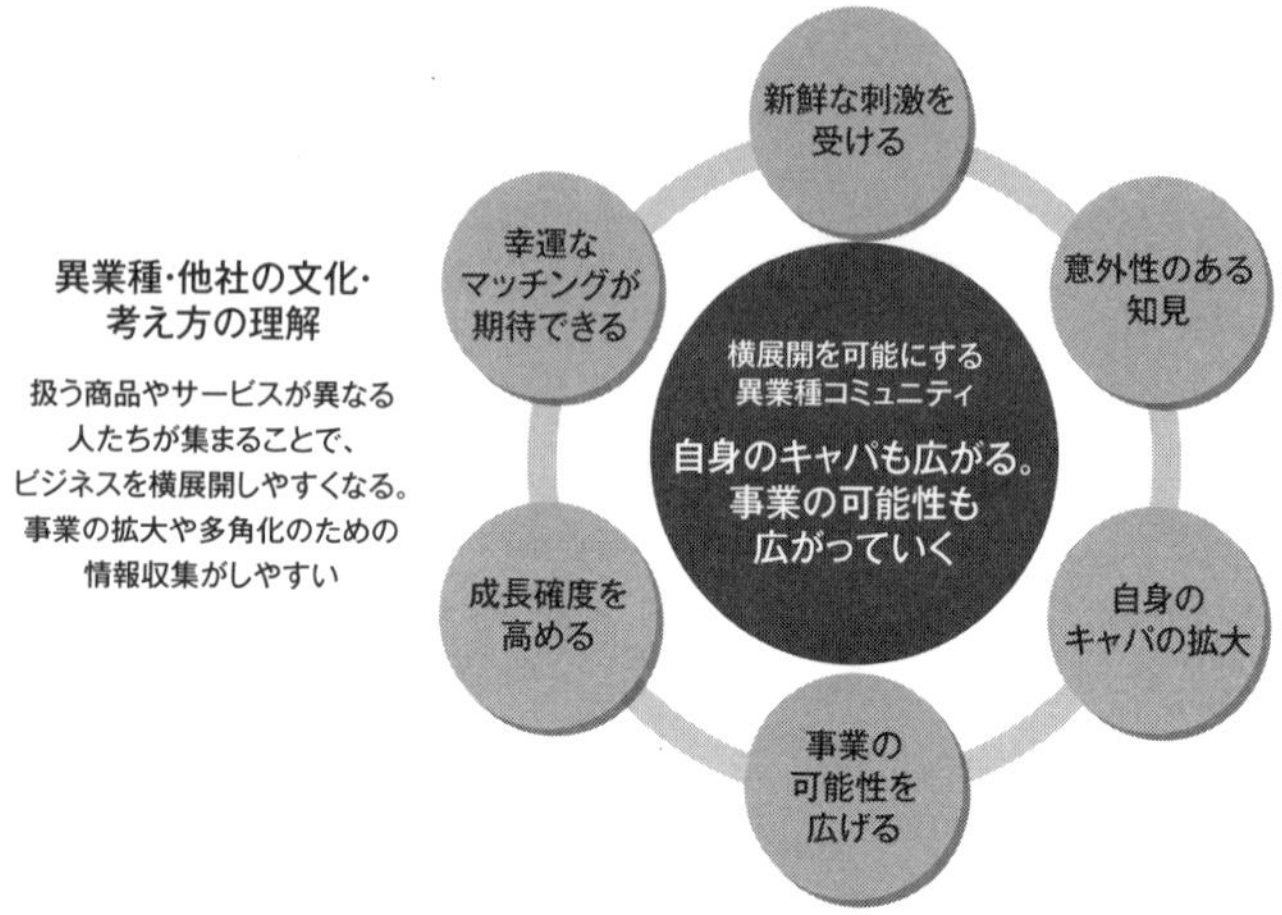
異業種・他社の文化・考え方の理解
扱う商品やサービスが異なる人たちが集まることで、ビジネスを横展開しやすくなる。事業の拡大や多角化のための情報収集がしやすい
新鮮な刺激を受ける
意外性のある知見
自身のキャパの拡大
事業の可能性を広げる
成長確度を高める
幸運なマッチングが期待できる
横展開を可能にする異業種コミュニティ
自身のキャパも広がる。事業の可能性も広がっていく

さに、成長確度を高め、より広い世界へと飛び出していくことを意味します。

　もちろん、成功するかどうかの鍵を握るのは、どのようなメンバーが集まるコミュニティを創設・参加するのかにかかっています。

　たとえば、各種の業界で活躍している人々が集まる異業種コミュニティであれば、望ましい刺激を受けることができます。

　自分が身を置く業界では当たり前のことも、部外者には新鮮に映るということはよくあるのです。

　そうした意外性のある知見は、ビジネスのヒントになります。**異業種コミュニティは、意外性のある知見の宝庫です。**

雑談の中で聞いたちょっとしたエピソードが、新しいビジネスにつながることもあるでしょう。もちろん、相互に補完性があると思われた場合には、コラボレーションなどを検討し、新しいビジネスを立ち上げることも可能です。

そのように、多様な業界の人と知り合うことができ、しかも、その業界におけるビジネスの要点を知ることができる。それだけでも、異業種コミュニティの価値は十分にあると言えるでしょう。単純な懇親会とは異なり、ビジネスの成長という明確な目的をもった同志が集まることで、お互いに真剣な議論を交わすことが可能となります。

さらに、異業種のコラボレーションによって、新しいビジネスモデルが創造され、イノベーションにつながることもあります。

昔からあるビジネスほど、業界内での競争（顧客の獲得やシェアの拡大、売上向上と経費削減など）にのみ注力してしまい、結果的に、革新的な商品・サービスが生まれていないケースも少なくありません。そのような状況を打開するべく、異業種コミュニティでの交流が活用できます。

たとえば、実際に行われているコラボの一例として、運送会社と劇団による倉庫シアターがあります。劇場を借りて上演している劇団、とくに小規模の劇団の中には、コロナ禍による観客の人数制限によって収支が見合わないことから、上演中止に追い込まれるところが出ています。しかし、上演をしなければ一切の収入が絶たれ、劇団に関わる多くの人が困窮します。

そこである劇団の主宰者が、劇場の替わりとして使えるスペースを探したところ、現在は使われていない運送会社の倉庫がありました。広さは申し分なく、密を避けて観客席を設けることができます。また、がらんとしたスペースで、ステージの設営が容易なのも魅力でした。

劇団の主宰者が運送会社のオーナーに低料金でのレンタルを持ちかけると、オーナーは快諾。使っていない倉庫が有効利用できるということは、運送会社にとっても願ってもない話だったのです。

このように異業種コミュニティでは、幸運なマッチングが起こることもよくあります。そんな異業種コミュニティの詳しい内容については、第5章で取り上げていきます。

「ギブアンドテイク」の基本は「ギブ」から始まる

このように、同業種コミュニティと異業種コミュニティには、それぞれの利点と特徴があります。重要なのは、業種・業態によって、同業種コミュニティに向いているものと異業種コミュニティに向いているものがあり、基本的には、他業種とのコラボレーションが可能かどうかで判別するということです。

たとえば歯科医師の場合、専門性が高いので院長の感覚で言うと他業種とのコラボレーションは現実的ではなく、同業種コミュニティが向いていると言えます。歯科医院経営を軸に事業を拡大していき、経営を安定化させるのが主眼となります。それ以前に、他の事業を検討するということは、あまり一般的ではありません。

ただ、歯科医師と同様に国家資格を有している方が事業を展開している場合でも、たとえば建築士や美容師などであれば、異業種コミュニティでビジネスを展開するのも難しくありません。それらの業種は、医院経営に比べて柔軟性が高いからです。

たとえば建築士であれば、新しいライフスタイルを創造するコミュニティをつくり、衣食住に関わるさまざまな業種と新たなビジネスを展開することも可能です。また美容師であれば、ファッション関係などの業種とのコラボレーションが期待できます。そのように、事業そのものに発展性をもたせることで、可能性はより広がっていきます。

もっとも、そのようなコラボレーションを実現するためには、創設・参加する異業種コミュニティに、一定の方向性がなければなりません。とくに重要なのは、お互いが与え合おうとする意欲です。

具体的には、コミュニティに参加するそれぞれの人が、「自分は他のメンバーに対して、どのような貢献ができるだろうか」と考えていることが前提となります。その発想からスタートすれば、有効に機能するビジネスコミュニティをつくることが可能となります。そしてそれは、同業種コミュニティにおいても異業種コミュニティにおいても当てはまることなのです。

ビジネスコミュニティでのコミュニケーションにおいて双方向で重要なのは「ギブ」です。自分だけが情報を得ようとすると、受け身の姿勢になってしまい、得られるものが限定されてしまいます。何より、モチベーションの維持が難しくなり、周囲の意欲的な人々から浮いてしまうのです。そうではなく、まずはギブから始めることを意識し、その文化を養うことが大切です。

ビジネスコミュニティでは、与えることから始める。それがコミュニティづくりの第一歩となります。

ただし、ビジネスコミュニティはつくることがゴールではありません。もともとコミュニティづくりは、特殊なスキルがなくても可能です。私自身、歯科医師であり、経営者でありつつも、イベントの開催などの経験はほとんどないところからスタートしています。

そんな私が、コミュニティをつくろうとした動機は、悩める院長を救うということでした。すでに言及したように、院長を救うためには、歯科医院経営をアップデートして、経営を健全化することが必要です。そのためには、経営に対する最新の、正しい知見をもつことが求められます。そこで、コミュニティこそが院長を救う場になると考えたのです。

さらにコミュニティは、私自身をも成長させてくれました。私のノウハウをアウトプットすることで、自然とノウハウが集まるようになり、その環境を多くの院長に提供する仕組みを考えた結果、ミリオネアデンティストクラブを発想したのです。そして、コミュニティをスタートさせると、ほどなくして軌道に乗せることができました。

コミュニティづくりは、決して困難なことではありません。今後もコミュニティは増え続けることでしょう。しかし、玉石混淆《ぎょくせきこんこう》だからこそ、質の高いコミュニティが求められるのです。**つくるだけなら誰でもできるが、つくることがゴールではない。**それがコミュニティの本質と言えるのではないでしょうか。

あなたの業種はビジネスコミュニティに向いているか？

ところで、ビジネスコミュニティに向いている職種や業種、あるいは業態というものはあるのでしょうか。私自身としては、あらゆる事業において、ビジネスコミュニティが活用できると考えています。一方で、とくにビジネスコミュニティを活用するべきだと思うのは、やはり孤立しやすい事業を展開している方々です。

たとえば、私が従事している歯科医院経営を始め、他の医院経営、美容師、整体院、整骨医院など、**自身の技術力や国家資格をベースに活動している人は、ビジネスコミュニティに向いている**と考えられます。そのうち同業種コミュニティを選択するか、あるいは異業種コミュニティを選択するのかは、前述のとおり、状況に応じた判断となります。

また、**競合他社が多い業界に関しても、ビジネスコミュニティをつくる価値は高まります。**なぜなら、競争が激しいということは、それだけ市場が大きいか、あるいは参入障壁が低いと考えられるからです。いずれにしても、事業をスタートする条件としては適しているものの、何らかの戦略がなければ生き残っていくのは難しいでしょう。

たとえば飲食店の場合はどうでしょうか。チェーン店も多い業界で、市場は大きく、一方で競争も激しいため、その中で生き残っていくのは至難の業です。そうした状況下において、コミュニティをつくって優れたマニュアルを共有したり、インターネットを活用した集客方法を比較検討したりすることで、より活動しやすくなるのは事実です。

また、**市場が独占されていない業界にもチャンスはあります。**黎明期時代のＩＴ企業などはまさにそうなのですが、市場そのものがまだできたばかりであったため、ベンチャー企業にも参入の余地がありました。その中において、早期にコミュニティをつくりながら情報交換を重ねていけば、より有利に事業を展開できるようになります。

市場が大きくなればなるほど、自社だけで成長するのは難しくなります。それよりも、相互に学び合い、切磋琢磨しながら伸びていくほうが、よりよい市場形成につながるはずです。そのようにして、健全な競争環境を構築していけば、ユーザーや消費者にとっても喜ばれる商品・サービスを提供できるようになるはずです。

成熟している業界においても、もし相互に情報交換を行っていなかったり、学び合いの文化がない場合は、ビジネスコミュニティを創設して学び合うことが可能です。その過程で、異業種コミュニティも組み合わせながら、新しいビジネスを生み出すことも可能となるでしょう。そのきっかけが、コミュニティの活用なのです。

近年では、個人事業主やフリーランスとして働く人も増えてきています。その中には、副業として別の事業を始めたり、複数のビジネスを並行したりしている人もいるでしょう。そうしたノウハウは、まだ十分に共有されていません。そこで、新しい働き方や仕事の仕方を共有するコミュニティをつくるのも、一つの方法かもしれません。

もちろん最終的には、自分が携わっているビジネスをいかに成長させられるかが重要であることは間違いありません。そのためには、特定の業種・業態にどのくらいの人が存在しているのかを軸に、本来のビジネスを成長させながら、コミュニティ運営を模索していくことが求められます。そのように複数の視点からコミュニティを検討することが大切なのです。

ビジネスコミュニティの可能性は決して小さくありません。向いている・向いていないということにとらわれすぎないよう、どのように運営していけば価値を最大化できるのかを考えながら、着実に育てていく姿勢が必要と言えるでしょう。

「有料」と「無料」のどちらを選ぶか？

ここであらためて、同業種・異業種コミュニティに共通する課題、有料と無料について考えてみましょう。

どちらのビジネスコミュニティでも、参加費や年会費などを徴収するのかどうかを判断するのは、難しいと思います。なぜなら、無料にすれば人を容易に集められる反面、コミュニティの質を担保するのが難しくなるからです。

ただ前述のとおり、有料のコミュニティをつくることによって、参加者の質を高められるのは事実です。そのため無料のセミナーと、その後に有料のコミュニティを用意しておくことが、王道であるのはすでにお話したとおりです。ある意味において、無料のフロントセミナーで、合う合わないを相互に判断するということです。

一方で、とくに人数を増やしたい場合や、活動内容が限定されているコミュニティであれば、最初から最後まで無料で展開することも考えられます。たとえばSNSを活用した趣味系のコミュニティや、ボランティアなどを行う地域コミュニティでは、無料のケースも少なくありません。それらは無料でも、一定の価値を提供できます。

しかしビジネスコミュニティにおいては、**無料のセミナーのあとに、有料のコミュニティを用意しておくのが原則です。**その理由は、まず、目的意識です。ビジネスコミュニティに参加する目的は、主に売上の増加や経費削減など、ビジネスの成長につなげることが挙げられます。そのため、本気のメンバーのみを集めることが大切です。

料金を支払っていない人は、リスクを負っていないことから、コミュニティに「参加する」だけで満足してしまう傾向にあります。そのような人ほど、無料のコミュニティを渡り歩いてしまい、結果的に、コミュニティをうまく活用することができません。やはり、自分に鞭を入れるという意味でも、一定の支出は必要だと思います。

また、料金を支払ってメンバーになることは、個々人のモチベーションを高めます。それは単純に帰属意識という側面だけでなく、支出した分の費用を回収しようとする意欲につながり、学びの質を高めてくれます。

とくに経営者であれば、費用対効果をシビアにみる癖が身についているはずなので、有料であることは大事なのです。

さらに、**有料にすることによって、コミュニティ内で共有する情報の質が高まります。**インターネットには情報があふれていますが、真にビジネスに役立つ情報は多くありません。ビジネスとは競争の上に成り立つものであり、競争に勝つための情報がインターネットの無料サイトに公表されることはないからです。

コミュニティのキーワードの一つは「インサイド」であると述べましたが、有料であるインサイドの情報だからこそ価値を担保することができ、かつ役に立つ可能性が高いのです。また、大々的に表に出ていない情報は、インターネット上などにあふれる情報とは異なり、すぐに廃《すた》れることはありません。それだけに、価値が高いのです。

その他にも、イベントやセミナーへの参加率という観点からも、有料には利点があります。事実、有料にすると、イベントやセミナーの参加率が高くなります。その理由は、支払った対価に見合う学びを得たいという、人間心理が影響しているためでしょう。

イベント集客・管理サービスを行う「Peatix」での参加率の調査では、事前支払いのあるイベントの平均参加率は90・1%だったのに対して、無料の場合の平均参加率は、67・5%と大きく下回りました。

コミュニティにおいて、参加率は極めて重要です。参加率の高いコミュニティは、ゆるさがなくなります。

とくに私は、ビジネスコミュニティにおいて、ある種の緊張感があって質が高まると考えています。無料のコミュニティでは養いにくい緊張感と、結果を出さなければならないというプレッシャーが、お互いの本気度をさらに高めていきます。

有料にも無料にも、それぞれメリット・デメリットはありますが、とくにビジネスコミュニティは、有料のものも用意するようにしましょう。

実体験から学べるのがビジネスコミュニティの強み

逆説的ではありますが、優れたビジネスコミュニティで提供されている情報の中身を精査していくと、経営において何が必要なのかが見えてきます。その点、明確な指針をもたないまま経営の勉強をするよりも、成果に直結するかたちで学ぶことができ、より効率性を高めることが可能です。それこそ、経営者の正しい学び方と言えるかと思います。

たとえば私が運営しているコミュニティ「ミリオネアデンティストクラブ」では、経営の話を中心に情報提供を行っています。その名のとおり、1億円を基準にして収益向上や経費削減を実現しながら、どう経営環境を改善させていくのかを伝授しているのです。もちろんその中には、経営に必要な基礎的要素や、税金や財務的な話も含まれています。

それだけではありません。とくに私が重視しているのが、院長がいなくても医院経営がまわる仕組みです。多くの院長は、自ら治療にあたりつつ、スタッフのマネジメントから設備投資まで、幅広い業務を担っています。ただそのような状況では、自分がいなければその医院をまわせず、いつまで経っても状況は変わりません。

そこで、自分がいなくても医院経営がスムーズに行えるような仕組み化を検討します。つまり、院長がいない状況でも、そこで働いているスタッフが適切に行動し、ともに成長しながら、滞りなく治療を提供できる環境を整備するのです。それができれば、院長には時間的・体力的な余裕が生まれ、より経営を前に進められるようになります。

一方で、患者の治療に追われている院長は、経営に時間と労力を割くことができません。本来、経営者というものは、経営に集中することで事業を適切に運営していかなければなりません。その中には、経営戦略やマネジメント、税金や財務的な側面、さらには多角化も含まれます。その前提として、最初に仕組みをつくることが求められます。

もっとも、ゼロから仕組みをつくろうとする必要はありません。同業者、あるいは異業種の経営者の中には、すでに優れた仕組みを構築している人がたくさんいます。そのような人の方法を参考にし、自分のビジネスに応用すればいいのです。優れたビジネスコミュニティでは、そのような仕組み化の方法も伝授されています。

そうした経緯を経て、学びと実践を繰り返し、仕組み化を実現すること。そのうえで、経営者として使える時間と労力を確保し、さらなる事業の安定化と成長を実現していくこと。それが、経営におけるビジネスコミュニティの有用性となります。そこには、相互に交流するだけでなく、事業に直結するメリットがあるのです。

ただ残念ながら、あらゆる業界には、職人的な働き方をしている人がまだまだ多いと思います。もちろん、規模の拡大や成長だけがビジネスの本質ではないものの、関係者とともにビジネスを継続していくためには、やはり一定の成長が必要です。そしてそのためには、代表者自らが、経営力を養う必要があるのです。

これまで経営という分野に馴染みがなかった人も、ビジネスコミュニティに参加することで、意識的にも知識的にも、資質が養われていきます。本気で経営をしている人々の中に入り、その空気を体感することが、最初の一歩となるのです。そうしたコミュニティに参加し続けることで、経営者として鍛えられます。

教科書のようなものから経営を学んでいる人も少なくありませんが、**やはり経営は「なまもの」である以上、実体験から学ぶのが有益です。**また、人脈の形成や相互のコラボレーションという観点からも、経営者同士のつながりは欠かせません。ぜひ、ビジネスコミュニティを活用し、経営者としての力量を高めていきましょう。

ビジネスを拡大するためのコミュニティ活用

ビジネスコミュニティにおける成長とは、ビジネスを拡大させていくことも含みます。つまり、現在携わっている事業の規模を超えて、多角的にビジネスを展開させていくことも可能となります。

成長度合いは人によって異なるものの、さらに成果を高めていきたいのであれば、事業そのものの規模や数を増やすことも重要なのです。

歯科医師もそうですが、美容師や整体師など、自らの技術で事業を行っている人の多くは、「自分が働かなければ」という意識が強いかと思います。たとえ優秀なスタッフを抱えていたとしても、最終的には自分が施すべきだと考えているのです。しかしそうなると、事業全体が硬直化してしまい、何より負担が集中してしまいます。

もちろん、高い技術力を有することへの自負は大切です。ただ、院長を始めとする代表者は、技術者であると同時に経営者であることも忘れてはなりません。経営者である以上、プレイヤーとしての活動とともに、事業全体の成長も考える必要があります。そのバランスが偏っていると、いつの間にか事業が傾いてしまうということも起こり得ます。

そうならないよう、経営的な部分にもきちんと時間と労力をかけつつ、情報収集や学びを止めないことが大切です。

その点、ビジネスコミュニティに参加していれば、情報収集や具体的なノウハウの共有、さらには多角的な視点でのコラボレーションなど、さまざまな経営改善のための学びを得ることができます。

それだけではありません。自身の成功体験や失敗体験を共有する場をコミュニティとして創設すれば、技術やノウハウの伝授自体を収益化することも可能です。オンラインサロンなどの月額制コミュニティはまさに、その最たるものと言えるでしょう。それ自体が収益化されており、安定的に利益を上げるビジネスとなっているのです。

もっとも、そこできちんと価値を提供できていなければ、コミュニティをビジネスとして安定化させることはできません。優れた講師がおり、あるいは育成しつつ、提供される情報やゲストスピーカーなどを洗練させていくこと。

そうした姿勢なしに、コミュニティそのものの事業化はできません。参加者にメリット

一般的なフランチャイズの仕組み

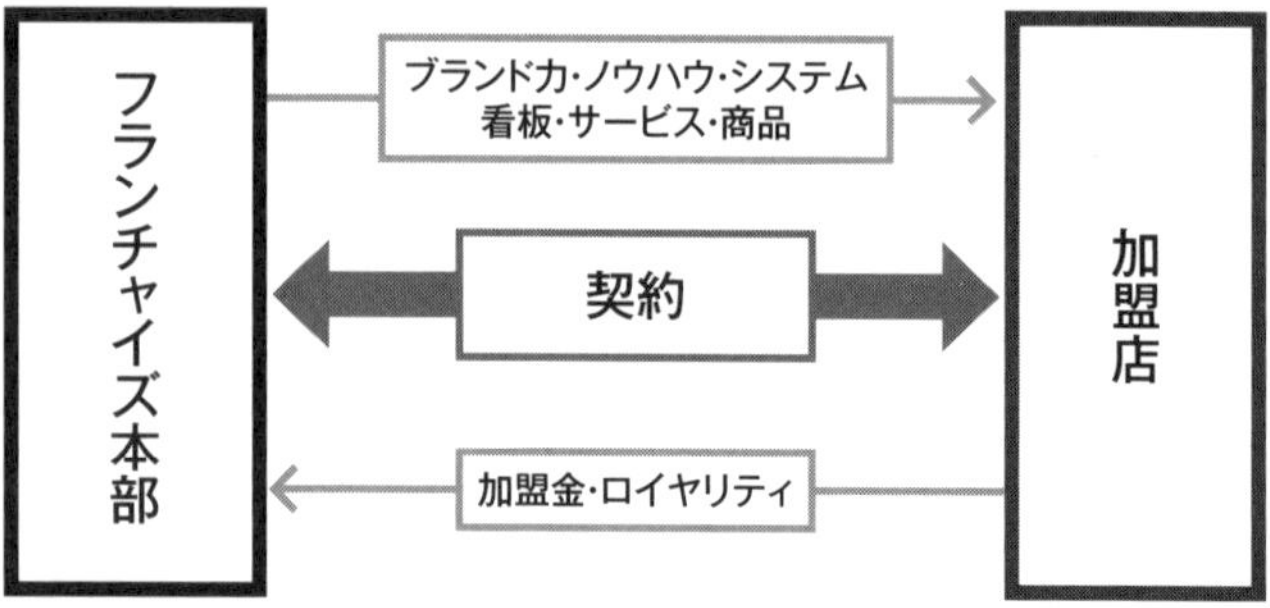

があってこそのコミュニティだからです。

コミュニティを事業につなげていくという発想は、フランチャイズの仕組みにも通底するものがあります。

もともとフランチャイズビジネスは、フランチャイズ本部と加盟店によって成り立っており、本部がノウハウや技術（フランチャイズパッケージ）を提供する代わりに、加盟者は対価として、加盟金やロイヤリティを支払う仕組みです。

その前提となるのはフランチャイズ契約なのですが、ビジネスコミュニティの場合は、主宰者と参加者がそのような契約を結ぶことはありません。

あくまでもビジネスコミュニティでは、情

報提供を通じて相互に高め合っていくものであり、だからこそ、同業種のものもあれば異業種のものもあるのです。

つまり、事業に関連する縛りがない点において、ビジネスコミュニティはそれぞれの事業方針における自由度が保たれています。

学んだことをどのように実践するのかは、個々人に委ねられており、その責任を相互が負うことはありません。だからこそ、切磋琢磨しながら成長できるのであり、一国一城の主である経営者に向いていると言えます。

ただし、コミュニティに参加している者同士が直接的なライバル関係になってしまうと、コミュニティ内での対立につながってしまいます。そこで、互いに商圏が重なっていないかなど、最低限のルールづくりは必要となります。

そのうえで、それぞれの地域やエリアで個々に事業を展開しながら、関係性を深めていくことが求められます。

第4章

同業種コミュニティのキモは即効性

第4章では、同業種コミュニティの中身について詳しく見ていきましょう。とくに重要なのは、どのように同業種コミュニティを創設、あるいは運用し、活用していくかです。そこで、主に私自身の経験をもとに、同業種コミュニティのつくり方やその運用方法、さらには成長させていくためのポイントを紹介していきます。

私は、歯科医院の院長を対象としたミリオネアデンティストクラブを創設し、主宰者として活動しています。ミリオネアデンティストクラブでは、歯科医院における経営課題を解決するべく、適切な情報提供を行い、ともに切磋琢磨しながら学び合いの場を構築しています。そうした経緯を経て、多くの方が結果を出しています。

そのようにミリオネアデンティストクラブでは、「インサイド」「利害」「深い結びつき」の条件を満たしています。ともに明確な目的をもち、相互につながりながら、学んだことを売上の向上や規模拡大のための行動へと落とし込んでいます。その結果、ビジネスコミュニティとしての価値を高め、多くのメンバーを獲得しています。

とくにミリオネアデンティストクラブのメンバーは、それまでは個人のキャパシティが経営に関する問題の解決を阻んでいたとしても、セミナーに代表されるコミュニティの活動を通して、光明を見出している方が多いです。これはまさに、ビジネスコミュニティがもたらす価値であり、主宰および参加するメリットと言えそうです。

個人のキャパシティは、生まれながらにして決まっているとは限りません。できることは限られているように思えますが、実際は、学習をすることでキャパシティが大きくなります。それが経営について学ぶことの意義です。また、ビジネスコミュニティの場合は、他の人から刺激を受けて、キャパシティが大きくなることも往々にしてあります。

ただし、毎日、ルーティンワークをこなしているだけでは、キャパシティは大きくなりません。ルーティンワークによって特定の仕事に熟練することはあるでしょう。しかし、それは能力が高まるということで、キャパシティが大きくなるわけではないのです。キャパシティとは能力そのものではなく、能力を発揮させるための器です。

歯科医師であり、経営者である私は、キャパシティを大きくすることで、歯科医師としても経営者としても成長すると考えています。成長の意味するところは、具体的には歯科医師としてのスキルの向上と、経営する歯科医院の利益の増大です。その両面からキャパシティを高めていくことによって、より大きなビジネスが構築できるのです。

その点、キャパシティを大きくするために必要なのは、自らの学習と他の人からの刺激であり、そのための場がコミュニティということになります。これまで自分だけで勉強し、成果が伸び悩んでいる人ほど、ビジネスコミュニティの参加によって大きく飛躍する可能性があります。そのような人ほど、ビジネスコミュニティから恩恵を得られることでしょう。

また、経営について学習する意欲を高めるためにも、コミュニティに参加するのが望ましいです。とくに、厳しい環境の中で学ばなければならない以上、モチベーションを維持していくことは至難の業です。そこで、意欲的なメンバーとともに意欲を高め、一緒に成長していくことが求められます。

私自身、ミリオネアデンティストクラブを始めてみて、実体験として知ることができたことがたくさんあります。それ自体が学びであり、行動を通じた実り多い経験となっています。そこで次項からは、コミュニティづくりの要諦や、コミュニティの活動をする際のポイントについて見ていきましょう。

まずはユーザー像を具体的にしよう

すでにお話ししているとおり、私が歯科医師のビジネスコミュニティをつくろうと考えたのは、悩める歯科医院の院長を救いたいと思ったからです。一般的に歯科医院の院長といえば、一国一城の主であり、国家資格によって社会的地位が守られる恵まれた存在というイメージがあるかもしれません。しかし、経営上の問題を抱えている院長は数多くいます。

理想的な歯科医院経営のノウハウをメンバーが共有し、収益のアップと的確なスタッフマネジメントを確実にするコミュニティをつくれば、院長の悩みは解決します。またそれ以外にも、医院経営に関連する問題に対処するべく、ともに最適解を模索していくこと。そうした活動を通じ、社会的に意義がある活動を展開しています。

もともと私には、歯科医師のビジネスコミュニティがあれば、多くの院長が救われるという確信がありました。それは、私自身がそうしたノウハウを求めていたことに加え、そのような声を数多くいただいていたからです。そこで私はコミュニティの立ち上げを計画し、まだ見ぬ将来のメンバーに私の存在を知ってもらうことにしました。

最初に行ったのはペルソナ設定シートの作成です。ペルソナとはある特定の商品やサービスの典型的なユーザー像のことで、そのユーザー像を具体的に列記したものがペルソナ設定シートとなります。ペルソナ設定シートはさまざまなマーケティングにおいて使われています。ビジネスコミュニティをつくる際にもぜひ活用しましょう。

ペルソナを設定すると、どのようなメンバーが、どのような目的のために活動するコミュニティなのかが明確になります。その結果、有効性の高いコミュニティになるのです。また、ペルソナ設定シートが細密なほうが、目的のために必要なメンバーが集まることとなり、コミュニティの質が高くなります。

では、ペルソナ設定シートにはどのような項目が含まれているのでしょうか。重要なのは、「恐怖」「不安」「フラストレーション」を書き出すことです。それらの情報が、コミュニティで提供するべき情報の基礎となります。なぜなら、メンバーは何らかの問題を抱え、その「問題解決」のために参加しようと考えるからです。たとえば、最終的なミリオネアデンティティストクラブのペルソナ設定シートはP104のようなものです。

ペルソナのプロフィールは架空のもので構いません。ただ、知人をモデルに設定すると

ペルソナの設定例

年齢	
性別	
住んでいるところ	
職業・役職	
収入、貯蓄	
最終学歴	
ライフスタイル （起床・就業時間、勤務時間、休日の過ごし方）	
性格、価値観	
趣味、興味	
不満、悩み	
インターネット利用状況・時間	
所持しているデバイスの種類	

具体的なイメージがわきやすくなるでしょう。私の場合も、実際の知人をモデルにつくりました。歯科医師を対象とする場合であれば、彼らが感じている恐怖、不安、フラストレーションは、歯科医同士の交流の中で知ったものや、自らが体験的に感じているものをできるだけ多く並べます。

ペルソナを設定したうえで、ミリオネアデンティストクラブでは、これらの恐怖、不安、フラストレーションを解決したり、軽減したりするためのコミュニティを目指すこととなります。具体的にイメージできるようになると、コミュニティの運営確度も高まります。

ペルソナ設定シート

・年齢　40歳
・性別　男
・家族構成　４人家族
・既婚未婚　既婚
・職業　歯科医師
・年収　２０００万円
・趣味　投資、読書、勉強会への参加
・性格　真面目だが遊びも好き　好奇心が旺盛
［普段感じている恐怖や不安、フラストレーション］
・自分が倒れたら廃業に追い込まれること
・近くに競合ができたら潰れる可能性
・労働時間が長い
・スタッフマネジメントによるストレス
・今後の売上が上がるかわからない
・スタッフの確保が難しくなってきている
・体力的にも精神的にも疲れてきている
・休みの日はほとんどが勉強会
・ゆっくりする時間がない
・まとまった休みがとれず、旅行ができない
・スタッフが辞めると傷つく
・受付が予約をしっかり入れないため、利益が大幅に下がる
・毎日、医院と家の行ったり来たりで刺激がない
・人生を歯科医院に依存しすぎている

効果抜群！ SNSでのブランディングと拡散

「ペルソナ＝まだ見ぬメンバー」がイメージできたら、次は、そのペルソナに自分の存在を知ってもらうことが重要になります。そのときに活用できるのがSNSです。私自身としては、**主にフェイスブックを活用し、定期的に、仕事術やマインドに関する記事を投稿していました**。そうすることによって、自らをブランディングしていったのです。

独立開業した当初は、私自身、経営上のさまざまな問題に直面してきました。そのような問題に対し、いくつもの改善策を実行したことによって経営は安定。コミュニティをつくろうとしていた頃は、地域で最も利益を上げる歯科医院になっていました。その過程で実体験として得たスキルを記事にすれば、ペルソナに届くと考えたのです。

フェイスブックの記事は、内容の質が高いことも大事ですが、量の力も大きいと考えます。私は連日、記事を投稿し、その数は100本に達しました。ブランディングのためには、投稿内容を精査することに加え、一定の数が必要です。そうしなければ、望むターゲットに届かないためです。事実、タイムラインには、たくさんの情報が流れています。

その中において、いかに注目してもらうのかが大切なのですが、**その土台となるのは質と量の両面です**。質だけを追求するのではなく、また量だけを追い求めるのではなく、質にも量にもきちんと配慮して投稿を積み重ねていくこと。そのような、地道な努力によって自身のブランディングが実現されていき、認知拡大につながります。

とくにSNS上で存在感を高めるためには、集中的な投稿が効果的です。投稿はビジネスコミュニティをつくる際に広告の役割も担うためです。そこでフェイスブックだけでなく、インスタグラムなどのSNSも合わせて利用するといいでしょう。文字情報と画像情報という、別々のコンテンツを活用することで、より幅広い人に伝えることが可能となります。

ただし、フェイスブックがビジネス利用にも馴染んでいるのに対し、インスタグラムは趣味性が強いです。そのため、あまりにビジネス的な内容ばかり投稿してしまうと、フォロワーが増えず、結果的に情報が伝わりません（とくに専門性の高いビジネス）。SNSの活用法は奥が深いのですが、まずは基礎的なことだけを意識して定期的に発信していきましょう。

さて、ミリオネアデンティストクラブのペルソナは歯科医院の院長であるため、私はフェイスブックを活用し、該当者に対しては積極的に友達リクエストを送りました。そうすることによって、まずはお互いにつながり、SNS上で信頼関係を構築していったのです。そのようにして、関係性の土台をつくっていきました。

そうした工夫が、後のビジネスコミュニティにおける成功につながっています。やはり、ペルソナに自分を知ってもらい、コミュニケーションの足がかりをつくるには、コストをかけずに効果を得られるSNSの活用が合理的です。投稿の効果を高め、記事に説得力をもたせるなどの工夫もしつつ、継続的に活用していきましょう。

投稿記事の内容については、どのようなことが書いてあるのかという本質的なことに加え、どんな人物が書いているのかということが重要です。そのためにブランディングがあるのですが、「この人の言っていることは役にたつ」と思ってもらえるよう、経験やノウハウを適切に配信してください。そうすることで、コミュニティの主宰者としての信頼も醸成されていきます。

もちろんSNS上で交流するのがゴールではありません。その後のセミナーやビジネスコミュニティという先も見越して、投稿を続けていきましょう。

ナンバーワンになれる「区分」を見つける

自らをブランディングし、発信している記事やその内容に説得力をもたせるには、何らかの分野でナンバーワンになることが求められます。

当然のことながら、技術力や経営力は同じレベルだとしても、全国で1000位よりも地域で1位のほうがキャラクターはより鮮明になります。つまり「尖って見える」ということです。

とくにSNSで情報を発信する場合は、いかに尖って見えるかが大切です。大量の情報の中から、自分が発信する情報にフォーカスしてもらうには、まず、「この人はすごい」「この人の情報は有益だ」と感じてもらう必要があるからです。

そこで、何らかのナンバーワンである著者として投稿するようにすると、注目度が上がるのです。

ナンバーワンになるためには、セグメンテーションをする必要があります。セグメント

セグメンテーションに使われる4つの分類

1.心理的	2.行動	3.人口動態	4.地理的
・価値観 ・趣味 ・嗜好 ・ライフスタイル ・性格	・Webページ閲覧 ・メール開封 ・メールリンククリック ・購買履歴 ・利用頻度	・年齢 ・業種 ・役職 ・従業員規模 ・企業売上高	・住居地域 ・人口密度 ・気候

とは要するに「区分」のことで、セグメンテーションとは特定の地域や分野、ジャンルごとに切り分けることを指します。

上の表は、セグメンテーションを行うときに使われる基本的な4つの分類になります。

そのような区分において、自分がナンバーワンになれるものを探しましょう。細かく区切れば区切るほど、自分のキャラクターが見えやすくなります。

セグメントを絞れば、どこかに自分ならではの「1位」が見つかります。なかなか見つからない人は、セグメントをどんどん細かくしてみてください。

業務内容、地域、顧客満足度など、さまざまな指標を用いることによって、自分だけのナンバーワンを見出すことができるでしょう。重要なのは、セグメントをどう区切るかです。

たとえば日本で1位ではなくても、あるいは都道府県で1位ではなくても、地域で1位になることができればそれで問題ありません。また、売上高が1位ではなくても、利益率が1位でなくても、成長率が1位ならばそれを前面に出せばいいのです。そのように、セグメンテーションによってナンバーワンを見つけてみてください。

セグメンテーションそのものは、もともとマーケティングでよく用いられる手法です。そのため、普段からマーケティングや企業戦略について考えている人であれば、すぐにコツをつかめるかと思います。

そうでない人は、まず、自分自身を分析し、いろいろな角度から分解してみてください。それが、自身のブランディングにつながります。

セグメントとペルソナが重なることで、適切なマーケティングを行うことが可能になります。これを同業者コミュニティに当てはめると、コミュニティの主宰者は、ペルソナがなりたいと望む人物像に自分がなるためのセグメンテーションを行うのが適切ということになります。つまり、目標とするべき人物像の創造です。

その意味において、セグメントを特定の地域に設定し、地域でナンバーワンをアピールすることは理にかなっているといえるでしょう。

実際、地域でナンバーワンを目指す同業者は多く、それを他の地域で自分が実現していたとしたら、それだけで他者が感じるブランディング効果は高まります。

主宰者、あるいは講師として活動する人は、そのような経歴づくりの工夫が不可欠です。大きな括りでナンバーワンを目指すのではなく、自分なりの1番を模索し、それを経歴に落とし込んでみること。そうすることで、発信する情報の受け取られ方を変えられます。ちょっとした工夫が、コミュニティの成否を分けるのです。

このことは歯科医師のコミュニティに限りません。さまざまな業種において、地域でナンバーワンをアピールすることは、同業者コミュニティの求心力になると思います。

店舗の集客に関しても、「地域ナンバーワン」「満足度ナンバーワン」などの文言があると、それだけで信頼されやすくなります。ビジネスコミュニティにおいても、それは同様なのです。

フロント↓バックエンドの流れをつくる

フェイスブックへの連続投稿によって、短期間で歯科医院経営を軌道に乗せ、地域でナンバーワンの歯科医院になることを実現した私の存在は、コミュニティのターゲットとしてのペルソナに広く知られていきました。この時点において、初期段階としての認知拡大については、少しずつ固めることができたと考えられます。

もちろん、認知拡大を実現した段階で、コミュニティを創設しても一定数のメンバーは集められたかもしれません。しかし私は、結びつきの深いコミュニティにするために、さらなる準備が必要だと考えました。必要な準備とは、発信していた仕事術やマインドについての内容を、直接的にレクチャーするための場を用意するということです。

そこで私が行ったのは、セミナーの開催です。セミナーにおいて重要なのは、コンテンツの設定とコンテンツの質です。セミナーに応募してくるのは歯科医院経営に悩みを抱える院長や、現状の売上に満足していない院長であるため、解決するべき問題は明確です。

そんな院長たちにとって、有効な情報を提供していきます。

コミュニティを組織する前のセミナーは、「フロントセミナー（集客のためのセミナー）」となります。**フロントセミナーでは、その後に控えているコミュニティにつなげていくのが目的となります**。その点、コンテンツの良し悪しがコミュニティの成否に直結します。それだけに、気を抜けない活動です。

事実、参加者にとって得るもののないセミナーになってしまえば、コミュニティへの参加は見送られてしまいます。反対に、得るものの多いセミナーを開催できれば、そこに参加した人々は積極的にコミュニティへ参加することとなるでしょう。つまり、コミュニティ創設の成否をうらなうものとして、フロントセミナーが機能するわけです。

コンテンツについて、スタッフマネジメントや業務に関する無駄の省き方といった、現場での実践的なノウハウについては、私自身がもつ知見に自信がありました。現実的に、短期間で地域ナンバーワンの歯科医院になっていたからです。私自身の経験をもとにしたコンテンツを並べることで、参加者にとって有意義なセミナーになります。

とくに用意する必要があるのは、財務関係のコンテンツでした。税金対策を始めとする財務は、歯科医院経営において極めて重要です。そこで私は、知己の財務コンサルタントに声をかけ、フロントセミナーの講師を依頼しました。

セミナーを活動の柱とするビジネスコミュニティの場合、**優秀な財務コンサルタントを主要メンバーに引き入れることは、コミュニティの質を確実に高めます**。どんな業種においても、財務によって経営は大きく変わるからです。

たとえば、税金対策は顧問税理士に任せきりという経営者は多くいます。しかし、基本的に税理士は隙のない税金対策はしてくれません。理由は単純で、同じ料金で作業量は増えるからです。多くの経営者はそのことに気づいていないため、財務コンサルタントによる的確なアドバイスは新鮮に映ります。財務コンサルタントならではの知見は、セミナーの重要なコンテンツとなるのです。

一般論として、優秀な財務コンサルタントのコンサル料は高額です。多くの個人事業主は、その価値がわかっているとしても、実際にコンサルを依頼することには二の足を踏みます。しかし、ビジネスコミュニティの一員になってもらえば、メンバーの共同負担でコンサルしてもらうことも可能でしょう。そんなところにもビジネスコミュニティのメリットはあると考えます。

このような経緯を経て、フロントセミナーから、コミュニティへの参加を促していきます。

フロントのコンテンツはわかりやすさが最重要

フロントセミナーは、首都圏と関西圏でそれぞれ複数回実施しました。当時はコロナ禍になる前の実施であったため、ホテルの会議室などを借りての対面でのセミナーが中心です。現在では、オンラインセミナーとしての開催が中心となっていますが、**対面でのセミナーと懇親会の組み合わせは、ビジネスコミュニティの土台となります**。

セミナーを準備していたころ、歯科医師向けのセミナーを運営している会社の経営者から連絡がありました。彼の会社は7000名くらいの歯科医師のリストをもっています。私はスピード重視で、その経営者にフロントセミナーの集客を依頼しました。その結果、非常に効率よく集客ができるようになり、その経営者は現在、ミリオネアデンティストクラブの主要メンバーの一人になっています。

ビジネスコミュニティをつくるうえで、集客を担当するメンバーの参加はマストではありません。しかし、コミュニティの主宰者と役割分担をすることで、集客のスピードが高まるのは事実です。とくにペルソナに当てはまる人のリストをもっている相手であれば、タッグを組むことで、集客のスピードを上げていくことが可能となります。

そのためSNSなどを活用し、そのまま集客を行うということ以外に、**集客力のある友人や知人を探し、アプローチするのもいいでしょう**。ともに相乗効果を生み出せそうなら、メンバーに引き入れるのも良策です。「餅は餅屋」という言葉もあるように、自分だけで集客をするとお金も手間もかかりますが、専門家と組めば、お互いに利益を得られます。

私が主宰したフロントセミナーには、毎回7〜8人の院長が参加していました。ターゲットが特殊であることに加え、目指す目標が高いということも考えれば、かなり順当に集客できたと言えそうです。事前のブランディングと、専門家による集客が功を奏したのだと思います。そのような下準備が、コミュニティの集客につながります。

フロントセミナーを始め、ミリオネアデンティストクラブの活動を通じてどのような情報を発信し合っているのかについては、専門的なこともあり、第6章で詳しく解説しています。もちろんその内容は、歯科医院を経営している院長にとって有益な情報です。ただし、経営力を高めるための普遍的な情報も含まれています。

さて、セミナーが終わると懇親会となり、その後、コミュニティの価値を理解してくれ

フロントエンド商品とバックエンド商品の考え方

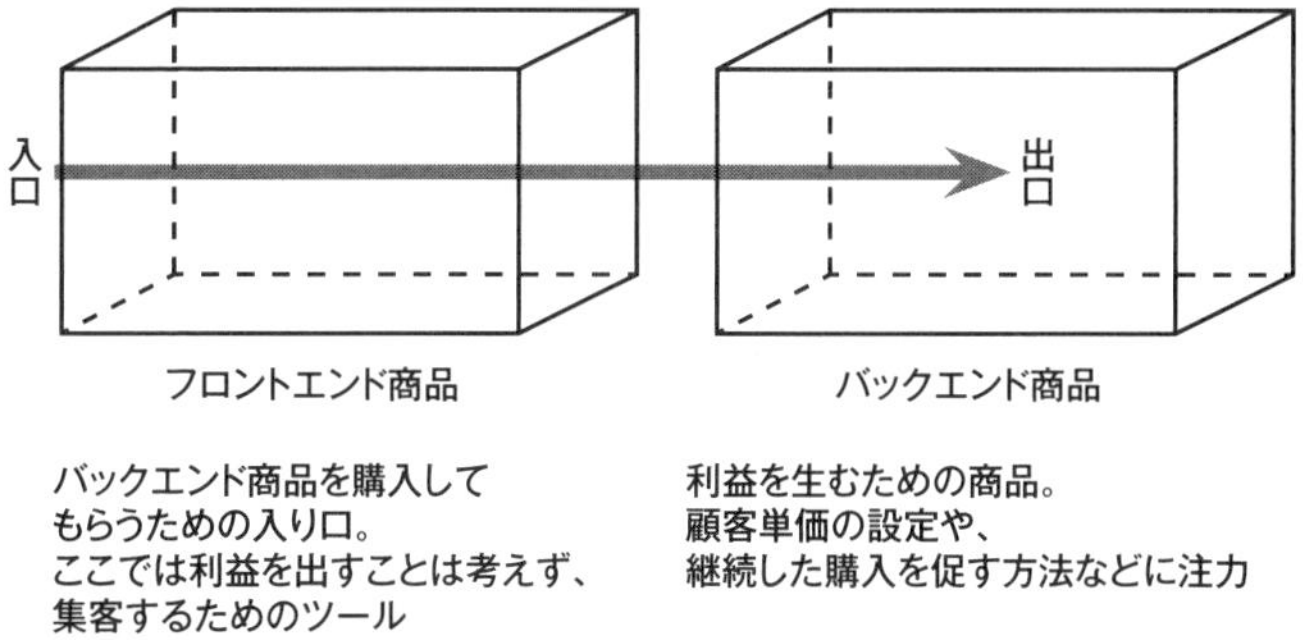
入口
出口
フロントエンド商品
バックエンド商品
バックエンド商品を購入して
もらうための入り口。
ここでは利益を出すことは考えず、
集客するためのツール
利益を生むための商品。
顧客単価の設定や、
継続した購入を促す方法などに注力

た院長にはメンバーとして加入していただきます。

当時の活動を振り返って興味深いのは、当日のコンテンツの内容によって、コミュニティへの参加率が変わるということです。やはり、どのような情報を発信するのかによって、そのコミュニティへの価値判断が変わるのでしょう。

たとえばリスク管理を扱ったときは、参加率が低くなる傾向がみられました。実際に歯科医院を経営すると、訴訟リスクなどのリスク管理はとても重要なのですが、すぐに利益に結びつかない題材なので、フロントセミナーのコンテンツには不向きだったと思います。そのようなコンテンツは、本編で提供するといいかもしれません。

一方で、技術のアップデートに関するコンテンツは、参加率を押し上げてくれるなど、非常に好評でした。院長にとって直接関係するお話であり、かつ内容をイメージしやすかったのかと思います。このようなフックを用意することも、フロントセミナーの成功につながります。

以上のことから、**フロントセミナーのコンテンツを決める際は、可能な限りわかりやすく、すぐに利益に結びつくような題材を選んだほうがいいでしょう**。そのうえで、どのようなコンテンツを発信するのかを、見極めてみてください。

目的の明確化が「強度」を引き上げる

フェイスブックに投稿して自分の存在を知ってもらい、フロントセミナーで現状の打開を試みる院長と直接交流できたら、そこからコミュニティづくりに入っていきます。ただ、フロントセミナーへの参加者に声をかけるだけでは、盤石なコミュニティの創設にはつながりません。やはりここでも、下準備が必要となります。

たしかに、フロントセミナーの場で「院長同士の情報交換の場をつくりましょう」と呼びかけるだけでも、コミュニティは成立したかもしれません。しかし、私はそうしませんでした。その前に、ビジネスコミュニティの必須事項である目的を設定したのです。具体的には、「歯科医院の収益を上げるためのコミュニティ」としました。

この「歯科医院の収益を上げるためのコミュニティ」は、コミュニティの目的であり、言わばコンセプトとなります。私がこのコンセプトを示すことができたのは、私自身、経営する歯科医院の年商を、さまざまな工夫によって大きく増やした実績があるからです。つまり、自らが実現してきたことと、求められていることを結びつけたかたちです。

歯科医院には、「年商2億円の壁」というものが存在します。院長が目の届く範囲で采配をふるう経営でも、おおむね年商2億円までは可能なのですが、2億円を超えようとすると、まわりの人に多くの作業を任せなければ運営できない規模になります。なぜなら、経営の規模が変わり、マネジメントの質もまた変える必要があるからです。

そのために、多くの歯科医師は年商2億円が一つの壁になります。歯科医院の経営者として、売上向上や経費削減などの施策を講じても、この壁を越えることは難しいのが実情です。そこには、院長としての実績だけでなく、規模の大きいビジネスを展開してきた経験に加え、経営者としての力量が必要となるためです。

私自身としては、30歳で開業し、ほぼ6年で約年商7億円規模にすることができました。その過程には紆余曲折があったのですが、さまざまな視点で学びを取り入れたことが功を奏したのかと思います。振り返ってみると、人々との交流を経て、自然にコミュニティの中にいる状態をつくれたのかもしれません。

そのように、短期間で急速な成長を実現できたため、私は多くの同業者にとって価値のあるノウハウをもつことができています。そこで、最も得意な「収益を上げる」ことをコミュニティのテーマにし、メンバーそれぞれの目的意識を高めながら、参加者はもちろん、自らのコミュニティの成長に貢献しています。

目的を明確化すると、コミュニティのメンバーの結びつきが深まり、コミュニティの強度が高まるメリットもあります。言い方を換えるなら、引き締まったコミュニティになるのです。雑多なコンテンツを扱いすぎると、どうしても内容がブレやすくなり、結果的に得られる学びが結果につながりにくくなります。

そうならないよう、繰り返しになりますが、ビジネスコミュニティでは目的を明確にするようにしてください。そしてできれば、ビジネスにおける最重要項目である、売上や利益の増加、顧客の獲得、シェアの拡大など、本質的なところを目指すようにしましょう。

ミリオネアデンティストクラブは、年に9回のペースで定期的にセミナーを開催しています。現在はコロナ禍の影響でオンラインなのですが、5時間にのぼるセミナーがダレることはありません。オンラインの集まりで、5時間集中するのは難しいはずですが、それができているのはメンバーの目的意識が高いからであり、それはすなわち、コミュニティの目的を明確化した結果なのです。

コンセプトの明快さが活発なコミュニケーションを生む

繰り返しになりますが、ビジネスコミュニティには、明確な目的やコンセプトが不可欠です。その理由は、ビジネスコミュニティが経営者や院長など、事業を運営している人がターゲットとなるためです。彼らは、経営上の悩みを抱えています。その悩みにフォーカスし、有益なコミュニティであると認識してもらうために、目的やコンセプトが必要なのです。

少し視点を変えて考えてみましょう。たとえば美術展の主流は、来場者が作品を鑑賞するタイプのものです。どのような美術品を展示しているのかを示しつつ、その内容に興味・関心がある方を集客する。そうした経緯を経て、より多くの人に鑑賞してもらうことが、美術展の一つの目標となるでしょう。

一方で現代アートでは、来場者が作品に参加することで作者が意図する作品となるものもあります。そのような美術展は、いわゆる「インタラクティブな美術展」と表現できます。インタラクティブとは、「双方向性」や「対話型」を意味するもので、同じ美術展でも、来場者へのアプローチをどう意図するのかによって、方向性は変わってきます。

観客が受動的に参加するクラシック音楽のコンサートや映画鑑賞が従来型の美術展だとすれば、コミュニティはインタラクティブな美術展と表現できるかもしれません。

観客が受け身のままコンテンツを受け取るのではなく、自ら参加することによってより価値のある体験を得られること。ビジネスコミュニティには、そのような要素が必要です。

メンバーが受動的にではなく、能動的に参加することで、コミュニティの質は高まります。むしろ、それがビジネスコミュニティ本来の姿であると言えるでしょう。もし、主宰者や講師がただ情報を提供するだけで、参加者が受け身になっていたとすると、それが運営上の問題があると判断できます。少なくとも、よいコミュニティではありません。

望ましいビジネスコミュニティのあり方は、お互いがお互いに刺激を与え合い、相互に成長していくことです。

それは、単純な交流会や懇親会ではなく、目的に向かってともに歩んでいく姿勢をともないます。つまり、本気度が高く、学んだことを行動に移していくという、それぞれの意識が大切なのです。

そのために、コミュニティはメンバーの関係性が対等なことも、重要なポイントとなります。上下関係があるよりも、相互にフラットな関係性、つまり何でも話し合える状態であることが、一つの理想的な形です。

ただし、規模の大きいコミュニティでは、イベントやセミナーなどの活動の際、発言が多いメンバーもいれば、少ないメンバーもいることでしょう。

それは自然なことで、対等が理想だからといって、発言の回数を均等にしなければいけないわけではありません。すべてのメンバーが、互いに双方向でやりとりできる仕組みをつくることが大事なのです。

コミュニティによっては、発言を義務化しているところもありますが、発言の義務化が双方向のやりとりを活性化するとは限りません。

効果的なのは、コミュニティのコンセプトを明快にすることです。コミュニティのコンセプトが明快であれば、もとよりそのコンセプトにひかれて集まったメンバーなのですから、自ずと発言も増えるはずです。

アニメや音楽アーティストのファンの集まりのように趣味性の強いコミュニティは、メンバーの交流が多くなる傾向があります。

その理由は、コミュニティのコンセプトが明快だからでしょう。どのようなコミュニティをつくるにしても、明快なコンセプトを示すことは重要です。とくにビジネスコミュニティにおいては、厳しい側面も含みつつ、刺激を生み出せるような工夫が求められます。

「アウトプット」の仕組づくりがポイント

本章の最後に、同業者コミュニティにおけるアウトプットの重要性について言及しておきましょう。

コミュニティでは、いかに有益な情報を発信できるかがポイントとなります。言い換えると、参加者にとって有益な情報を提供できるかどうかが、そのビジネスコミュニティの成否を分けると言っても過言ではありません。

コミュニティで発言するということの本旨は、目的意識が共通するメンバーに対し、適切なアウトプットするということです。ここで重要なのは、インプットではなくアウトプットにフォーカスしていること。情報というのは、インプットよりもアウトプットに重きを置くことで、より有効活用できるようになるのです。

ビジネスコミュニティに参加する人の多くは、情報をインプットすることが利益につながると考えています。

たしかに、コミュニティでインプットすれば得るものが多いことは事実です。一般的な勉強や学習のように、いかにインプットの質を高められるかを重視している人も少なくありません。ただ、ビジネスでは少し事情が異なります。

試験勉強のようなゴールがある仕組みを考えてみてください。知識を得るための勉強であれば、インプットの質を高めるだけでいいかもしれません。

しかし、試験で結果を出すという目的がある場合は、「どのような問題が出題されるのか」「傾向と対策はどうするべきか」「効率よく解くためにはどう学ぶべきか」なども考えなければなりません。

ビジネスにおいても同様で、どのような結果を出したいのかを明確にしたうえで、具体的な行動をとっていかなければなりません。

そうなると、経営学を始めとする経営の「知識」だけを入手しても意味がなく、それを「行動」へと落とし込んでこそ意味があります。つまり、アウトプットにつながる学習が不可欠なのです。

その点において、**コミュニティではむしろ、インプットよりアウトプットが有益である**と言ってもいいと思います。

インプットで終わらせずアウトプットが大切

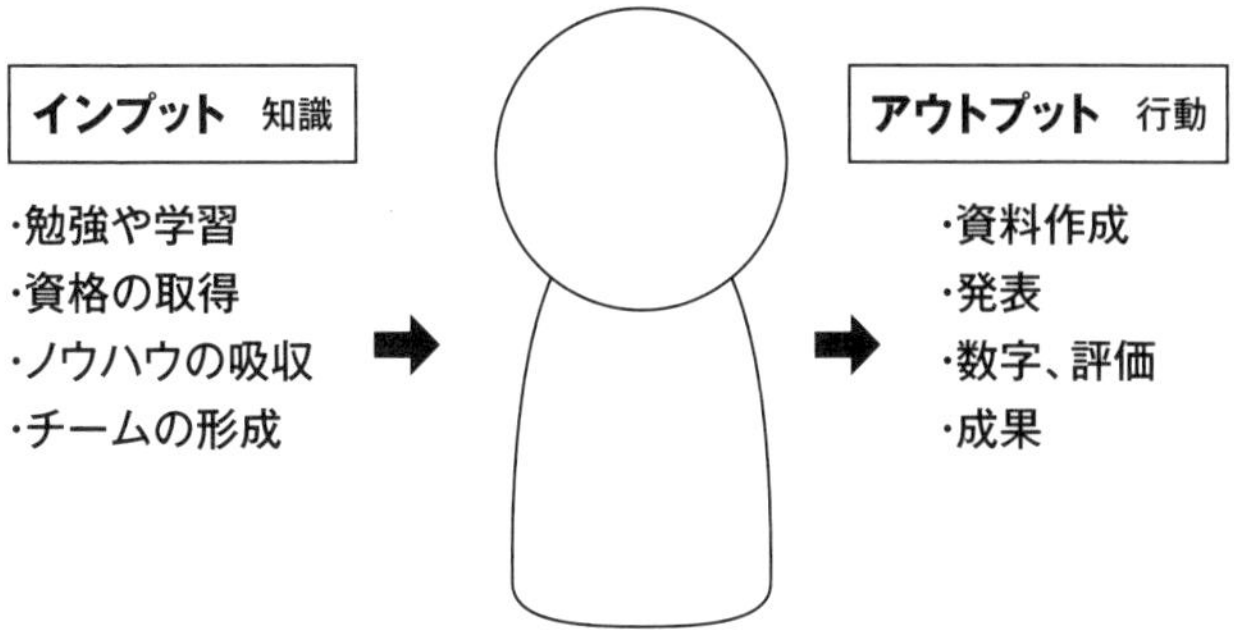

■コミュニティのコンセプトが明快だとアプローチがスムーズになる

ミリオネアデンティストクラブのセミナーにおいて、私は講師を務めているのですが、そこでのアウトプットが実業にも活かされています。

たとえば、私自身が経営する歯科医師の売上について考えると、地域でナンバーワンを実現しています。そのノウハウをコミュニティで共有するべく、セミナーの前にはKeynoteで100ページ近い資料を作成するのですが、そのアウトプットのための作業が、自らの学びになっているのです。

資料のもっとも重要な部分は私自身が開発し、実践している治療と経営のノウハウであり、当然、すべてを理解していることのはずなのですが、資料を作成する中で気づきがあります。アウトプットすることにより、客観性が生まれ、確たるノウハウとして自分にインプットできるのです。このような学びの相互性が、実践へとつながっています。

また、アウトプットしたことに対してのレスポンスがあり、そこから双方向のやりとりが生まれ、ノウハウの質が高まることもあります。自分だけで考えたことではなく、レスポンスを受けてより内容を精査し、高めていけば、学びはもっと深くなります。

その繰り返しによって、頭ではなく身体で経営スキルが身についていくのです。

とくにミリオネアデンティストクラブでは、同じ目的意識をもった歯科医師のコミュニティであるため、独自の優れたノウハウをもっているメンバーもたくさんいます。

ギブアンドテイクの関係であるコミュニティでは、自ら進んでアウトプットすることにより、そうした優れたノウハウを得ることができます。

ぜひビジネスコミュニティでは、インプット重視の姿勢を切り替え、アウトプット主体にし、行動に落とし込めるよう工夫していきましょう。

第5章

「異業種コミュニティ」には厳格な「ルール」が必要

第4章では、主に同業種コミュニティの内容について見てきました。その内容を踏まえたうえで、第5章では「異業種コミュニティ」の中身について見ていきましょう。異業種コミュニティは、その名のとおり異業種のメンバーが集まるビジネスコミュニティです。同業種内にとどまらないだけに、幅広い知見を共有し合うことができます。

知識やノウハウの共有、技術のアップデート、競争力の強化といった明確な目的を達成するべく、情報を提供し、お互いに切磋琢磨していくのが同業種コミュニティの特徴でした。言い換えると、垂直方向にビジネスを強化し、各メンバーが利益の向上を目指すコミュニティであると表現できます。その点については、私が運営するミリオネアデンティストクラブの中身とその概要を通じて紹介しました。

これに対し、ビジネスの横展開、意外性のある知見、新しいビジネスモデルの創造などを実現できるのが異業種コミュニティの強みとなります。つまり、ビジネスを水平方向に拡張することによって、利益の向上だけでなく、より多角的な事業展開も目指せるのがその特徴となります。また、相互のコミュニケーションによるコラボレーションも期待されます。

もちろん、異業種コミュニティもビジネスコミュニティに分類されるため、「インサイド」

「利害」「深い結びつき」によってまとまる必要がある点においては、同業種コミュニティと共通しています。自分が携わっているビジネスの成長という目的を掲げ、そこに向かって互いに情報提供を行い、ともに学んでいく姿勢が求められます。

ただ、両者には違いもあります。異業種コミュニティに対し、同業種コミュニティで提供されているような〝その事業にすぐ役立つ情報〟ばかり期待してしまうのは考えものです。なぜなら異業種コミュニティで交わされるコミュニケーションは、それぞれの業界ならではのものであり、そのエッセンスを応用するかたちで活かす必要があるからです。より抽象度が高くなると言うことができるでしょう。

異業種コミュニティをつくる際には、そのことを十分に理解しているかどうかが、成否の大きなポイントとなります。準備不足でスタートすると、コミュニティは機能しなくなり、利益を向上させるどころか、コミュニティで活動することが本業のビジネスの負担になってしまうこともあるでしょう。やはり、認識をすり合わせていくことが大切です。

他方で、ビジネスの横展開、意外性のある知見、ジョイントベンチャーなどの新しいビジネスモデルの創造といった価値を創出できる異業種コミュニティは、定型化されたビジネスを別のステージに導く可能性を秘めています。つまり、ビジネスのブレイクスルーを望んでいるときに力を発揮し、具体的な方策を見出しやすいのが異業種コミュニティと言えるのです。

そのためメンバーを募る際も、裾野が広いことは有利にはたらきます。ただ、ビジョンが曖昧のまま多種多様なメンバーを集めてしまうと、数だけが揃っているコミュニティにもなり兼ねません。もちろん一定の数は必要なのですが、ともにビジネスを成長させていけるメンバーでなければ、ただの交流会と変わらなくなってしまいます。

その点をよく理解し、異業種コミュニティをつくる際には、あくまでもビジネスコミュニティであることをお互いに自覚できるような、ルールや方針を設定していきましょう。それぞれの知見を持ち合い、これまでにはなかったようなビジネスを生み出すために、ぜひ正しい方法で異業種コミュニティを活用してみてください。

そこで次項からは、異業種コミュニティをつくる際、あるいは参加する際の注意点とともに、理解しておくべき事柄について見ていきましょう。

「異業種コミュニティ」ではマネージャーの力量が求められる

そもそも同業種コミュニティは、インサイドにいる人たちの集まりということでした。ミリオネアデンティストクラブであれば、メンバーとなるには歯科医院の院長という明確な枠があり、そのなかで志を同じくする者がコミュニティを組織します。言うならばインサイドの内部に、さらにインサイドを設けるのであり、同業種コミュニティには最初から〝共通言語〟が存在するのです。

一方で異業種コミュニティには、前提となる枠がありません。強いて言えば、〝何らかのビジネスにおいて裁量権のある人〟という、基準のはっきりしない大枠となります。もちろんその中心は企業を運営している経営者や、医院などの責任者である院長などですが、幅広く裁量権のある人も参加できるのが特徴です。

ビジネスコミュニティは、各メンバーがインサイドにいるという共通認識をもち、帰属意識が強いほど有効に機能します。同業種コミュニティの場合、共通認識はもちやすく、帰属意識も強くなります。他方で異業種コミュニティにおいては、メンバーがインサイドにいるという共通認識をもつための枠づくりが必要です。

この場合の「枠」とは、つまりルールのことです。**どんなルールを設定するかによって、異業種コミュニティの質は変わります。**一定のルールを設定しておかなければ、そのコミュニティがどう運営されていくのか明確にならず、また活動の指針もブレやすくなってしまいます。そのため、ルールをきちんとつくっておくことが求められます。

ビジネスコミュニティに不可欠な利害の共有も、異業種コミュニティの場合だと、同業種コミュニティとは異なりシンプルであるとは限りません。なぜなら、すべての業種に当てはまる収益アップの具体的な施策は、ごくわずかだからです。そこで、メンバー間のメリットを考慮した仕組みが必要となり、ここでもルールが必要ということになります。

いずれにしても、ビジネスコミュニティの訴求力となるのはイベントとコンテンツです。同業種コミュニティの場合、共通言語があるために、イベントやコンテンツの内容を決めることはさほど難しくありません。しかし、異業種コミュニティの場合、メンバーが例外なくプラスと思えるイベントやコンテンツを企画するのは容易ではないでしょう。

そのため、**イベントの運営やコンテンツの企画において中心的なポジションとなる「コ**

ミュニティマネージャー」の力量は、異業種コミュニティの質に直結します。コミュニティマネージャーがどのような運営方針（ルール）を掲げ、どのような舵取りをしていくのか。それによって、そのビジネスコミュニティの質が変わってくるのです。

イベントやコンテンツの質を高めることは、異業種コミュニティのコミュニティマネージャーの重要な役割です。そして、ここでもルールづくりが鍵となります。ビジネスコミュニティには、程度の差こそあれ、ルールがあります。一般的にルールが細かく、厳しいほど、結束力が強いコミュニティとなり、一定以上の成果を見込める傾向にあります。

私の知人がコミュニティマネージャーを務める異業種コミュニティは、かなり厳格なルールを設定することにより、メンバーの多くがビジネス上の恩恵を受けています。では、具体的に、どのようなルールを設定し、そのルールがどう機能しているのでしょうか。私が運営に関わっているコミュニティではなく、他の事例を参考にして、考えてみましょう。

説明のために、そのビジネスコミュニティは〝コミュニティA〟とします。次項からは、そんなビジネスコミュニティAをもとに、異業種コミュニティの具体例について見ていきます。

「利益を上げる」前に「貢献」する

コミュニティAのメンバーは約50名。弁護士、投資コンサルタント、保険代理店、住宅リノベーション、防水工事、鍼灸整体師、ヨガサロン経営、ヘアサロン経営、健康食品販売、オーガニック野菜の生産、レストラン経営、居酒屋店主、オーダーメイド紳士服販売、ガーデナー、インダストリアルデザイナー、フォトグラファーなど、多種多様な業種の経営者や自営業者が集まっています。

コミュニティAのメインとなる活動は週に1回のミーティングです。年末年始やゴールデンウイークなどを除き、1年を通して毎週開催されます。会議室を借りて、メンバーが顔を揃えるのが原則ですが、新型コロナウイルスが流行してからはオンラインミーティングとなっています。

ミーティングは毎週火曜日の午前7時から9時までの2時間行われます。平日なのは週末こそ忙しい業種もあるからで、朝に行うのは、メンバーの本業にできるだけ悪影響を及ぼさない時間帯を選んでいるからです。

対面でのミーティングを行っていた際もスタートは午前7時でした。始発電車に乗ってミーティングに向かうメンバーもいたそうで、それが毎週となると、精神的にも肉体的にも負担は大きいでしょう。しかし、そうしたハードルを設けることにより、メンバーの結びつきは強くなるのです。

メンバーがミーティングを安易に欠席することはありません。それはモチベーションが高いこともありますが、欠席に関するルールが機能している面もあります。自分が手がけるビジネスの納期に追われていたり、出張中だったりと、何らかの事情でミーティングに参加できないときもあるでしょう。そうしたときは、誰かを代理として参加させなくてはいけないのです。

代理とはいっても、欠席する本人に成り代わって、定例の近況報告やプレゼンテーションを行うのではありません。代理人自身のビジネスについて、紹介やPRを行う必要があるのです。すなわち、これはコミュニティAのリクルート活動にもなっているわけで、欠席者は代理として知り合いの経営者か自営業者を立てなくてはなりません。

このように代理を立てることにもハードルが設けられており、欠席は極力避けたいとい

コミュニティのルール実例 〈コミュニティAの場合〉

【参加者数】 50名

【参加者の職種】
・弁護士　・投資コンサルタント　・保険代理店　・住宅リノベーション
・防水工事　・鍼灸整体師　・ヨガサロン経営　・ヘアサロン経営　・健康食品販売
・オーガニック野菜の生産　・レストラン経営　・居酒屋店主　・ガーデナー
・オーダーメイド紳士服の販売　・インダストリアルデザイナー　・フォトグラファー

【主な活動】 週一回のミーティング（毎週火曜日午前7時〜9時までの2時間）
●負担が大きいメンバーもいるが、そうしたハードルが結びつきを強くする

【欠席に関するルールの設定】欠席する際は必ず代理人を参加させる
●代理人は自身のビジネスについて紹介やPRを行う。
代理人を立てることにもハードルを設けることで、欠席する人はほどんどいない
↓
●生活の一部にミーティングを組み込む。ミーティングを優先してスケジュールを組む

【主なコンテンツ】
・メンバー全員の近況報告　・メンバー全員の自己PR　・メンバーを講師とするセミナー
●他のメンバーに対しての「貢献」を一つ以上報告
※司会は、在籍期間が長いメンバーによる持ち回り

う心理になります。自然と、週に1度のミーティングは生活の一部に組み込まれ、可能な限りミーティングを優先してスケジュールを組むことになるのです。

また、コミュニティマネージャーをはじめとして、在籍期間の長いメンバーが持ち回りで司会を努めるコミュニティAのミーティングは、メンバー全員の近況報告、メンバー全員の自己PR、メンバーが講師となるセミナーが主なコンテンツとなっています。近況報告では、メンバーが直近の1週間でコミュニティAに貢献したことを述べます。

コミュニティAはビジネスコミュニティですから、どのメンバーもビジネスで

利益を上げるために参加しています。しかし、自分の利益を優先するのでは、コミュニティはまとまりません。**自分が利益を上げる前に、コミュニティに貢献することが求められます**。そのためコミュニティAのメンバーは毎週、他のメンバーに対して具体的な貢献を一つ以上して、それをミーティングで報告するのです。

他のメンバーに対する貢献には、メンバーが経営するレストランで食事をするといった直接的なものから、保険代理店のメンバーに知り合いを紹介するといった間接的なものまで、いろいろな方法があります。ただ、メンバーに利益をもたらしたり、利益を上げる可能性を提供したりすることは必須です。

メンバーの利益につながることを毎週欠かさずに行うことは容易ではありません。しかし、メンバー全員がそのために行動するとき、異業種のコミュニティではあっても「深い結びつき」は強固になるのです。

異業種からビジネスのヒントを見つけ出す方法

では、具体的に、どのような内容のミーティングが行われているのでしょうか。

コミュニティAのミーティングでは、毎回、メンバーの一人が講師となって、15～20分のショートセミナーを行います。テーマは決まっておらず、講師のメンバーがビジネスにおいて力を入れていることや、一般的には知られていない業界の裏話、実践しているスタッフマネジメントなど、多岐にわたります。

興味深いのは、専門性の高い話題でも、さまざまなビジネスのヒントになり得る普遍性を秘めていることです。たとえば、ある日のショートセミナーは住宅リノベーションを手がける会社の経営者が講師となり、テーマは「人口減少地域における住宅リノベーションの需要増」でした。

人口減少地域で住宅リノベーションの需要が増えている背景には、一部の自治体が推進しているワーケーション事業の広がりがあります。ワーケーションとは〝ワーク〟と〝バケーション〟を合わせた造語であり、都会を離れ、観光地やリゾート地、自然豊かな土地などで仕事をするということです。従来は都会にオフィスを構えるのが前提となっていたビジネスにおいても、ICT（情報通信技術）の発達によって、場所を選ばずに働くことのできる業務が増えています。

ワーケーションは宿泊施設などに滞在して行うのが一般的ですが、新型コロナウイルスの流行を機に、地方に定住するケースも見られるようになりました。そこで注目されつつあるのが、住宅リノベーションなのです。

人口減少地域には空き家が多くあります。地方の空き家をリノベーションすれば、格安で快適な住空間を手に入れることができるのです。中でも古民家のリノベーションはノスタルジックなデザイン性が付加価値となり、人気を集めています。

人口減少地域で増えている住宅リノベーションは、これまで経済的に停滞していると考えられていた地域にもビジネスのチャンスがあることを示しています。地方でも可能なビジネスを手がける余地はないだろうか。「人口減少地域における住宅リノベーションの需要増」をテーマにショートセミナーは、コミュニティAのメンバーにそんなことを考えさせるきっかけとなったのです。

違う日の講師は居酒屋の経営者でした。店のキャパシティは40名ほど。厨房は経営者と正社員の従業員が受け持ち、ホールはアルバイトが担当しています。アルバイトは5〜6名を雇い、シフトを組むのですが、この経営者にはアルバイトの採用に関して独特のセオリーがあり、ショートセミナーのテーマとしました。

この居酒屋のアルバイトは歴代、全員が店の近くにある同じ大学の現役学生です。つまり、アルバイトは長くても4年で入れ替わり、新陳代謝が繰り返されているのです。

ともすると飲食店などの経営者は、アルバイトは経験を積むほど戦力になると考え、また、経験を積んだアルバイトには長く働いてほしいと考えるものです。ところが、この居酒屋の経営者は、現状のやり方がベストだと断言します。

まず、アルバイトも長く居続けると、俗に言う〝古狸〟となり、仕事に自己流を持ち込みます。場合によっては経営者がコントロールできない状況となり、店の経営にとって大きなマイナス要因となることもあるのです。

ホール係として仕事を任せられるようになるには、数か月もあれば十分でしょう。成長に要する一定期間を過ぎれば、経験を積むことで能力も相応に上がるというわけにはいかないのです。

同じ大学の学生を雇うということもポイントです。大学での先輩・後輩がそのままアルバイトの先輩・後輩となるのですから、人間関係、規律、仕事についての教育などに問題が生じる可能性が低くなります。

また、急にシフトをはずれなければならなくなったときは、アルバイト自らが代役を探します。同じ大学なのでアルバイト同士のネットワークができるのです。

そして、なによりアルバイトの募集に苦労することがなくなります。働きやすい職場ということで、先輩が新入生を勧誘してくれるのです。募集にコストも労力もかからないのですから、経営上の大きなプラスになるのは言うまでもありません。

どんな業種でも、雇用は経営の根幹に関わります。無駄なコストをかけずに、必要な労働力を安定的に確保することが重要です。居酒屋経営者のショートセミナーは、雇用においても発想力が必要ということを示唆していました。

多様性はコミュニティの魅力を最大化する

コミュニティAでは、SNSなどで広くメンバーを募集することはありません。基本的に入会には、メンバーの紹介が必要となるクローズドなコミュニティです。

メンバーを増やして、コミュニティの規模を大きくすることに主眼を置くなら、コミュニティの存在を広く世の中に知ってもらい、広く入会を呼びかけたほうがいいでしょう。

しかし、メンバーの紹介という制限を設けているのは、**ビジネスコミュニティにおけるすべての活動はメンバー間の信頼が前提となる**からです。トラブル防止のためには何らかのチェック機能を働かせる必要があり、そのために最も有効なのがメンバーの紹介ということになります。

コミュニティAの初期メンバーは8名でした。発起人のコミュニティマネージャーが、すでにビジネス上の信頼関係を築いている相手や、学生時代の仲間に呼びかけて8人を集め、コミュニティの核としたのです。

異業種コミュニティではメンバーの多様性が重要

コミュニティマネージャーが8人の中心メンバーを集める際、留意したのは、8人の時点で多様性をもった集まりにするということです。異業種コミュニティでは、メンバーの多様性が強力なアドバンテージとなります。メンバーの多様性は多彩なコラボレーションを可能にして、ビジネスを発展させるからです。

この考えは、「ダイバーシティ経営」にもつながるものです。競争環境のグローバル化などにより、市場環境の変化が与える経営上の不確実性は、ますます増大しています。

経営においては、多様化する顧客ニーズにどうこたえていくかが最大の課題となりつつあります。そこで、多様な知識、経験、能力などを持つ人材を確保し、それぞれの能力が最大限発揮できる環境をつくるのがダイバーシティ経営です。そうした発想をコミュニティのなかに組み込むことで、メンバー間において、ある種の化学反応を生むことも期待できるのです。

理学療法士の資格をもち、ヨガサロンを経営するコミュニティマネージャーがコミュニティの中心メンバーとして集めたのは、投資コンサルタント、そして保険代理店、住宅リノベーション会社、健康食品販売会社、ヘアサロン、フランス料理のレストラン、オーダーメイド紳士服販売会社といった会社の経営者です。

初期メンバーに、直接的なビジネスの接点がなくてもかまわないのです。核となる8人を起点に、さまざまな業種のメンバーが加わっていくことが、コミュニティマネージャーの狙いでした。

初期メンバーの中からコラボレーションが生まれ、新しいビジネスに発展するのならそれに越したことはありませんが、初期メンバーの役割は、自分のまわりにいる信頼の置ける経営者や自営業者にコミュニティへの参加を呼びかけ、メンバーを増やしていくことです。

コミュニティマネージャーはキックオフミーティングで中心メンバーにそのビジョンを伝えました。メンバーがビジョンに沿って行動した結果、現在は約50名のメンバーとなり、メンバーのそれぞれがビジネスを拡張しています。

メンバーが知り合いの経営者や自営業者をコミュニティAに紹介する際は、まず、週に1度のミーティングにゲストとして参加してもらいます。

正式メンバーになれば、毎週1度、午前7時からの2時間、ミーティングに参加し、近況報告やプレゼンテーション、ときには講師となってシュートセミナーを行わなければなりません。相応の時間と労力が求められます。

また、毎週、他のメンバーに対して、具体的な貢献をする義務もあります。このように、コミュニティAは気軽に入れるコミュニティではないので、ミーティングに参加し、コミュニティの雰囲気や活動の様子を知ってもらう必要があるのです。

ミーティングが終わると、中心メンバーもしくは活動歴の長いメンバーがコミュニティAを代表して、ゲストと個別で話をします。

ミーティングの感想を聞いたり、ゲストの質問に答えたりするのですが、あくまでもゲストにコミュニティAについて理解してもらうことが目的であり、無理な勧誘はしません。

自主的に参加しないと、本人にとっても、コミュニティAにとっても、何一つプラスはないのです。

主体的に行動するメンバーが集まり、コミュニティは本来の機能を発揮する。メンバーにとって、コミュニティが居心地のいい場所になる。それはどんなビジネスコミュニティにも当てはまることでしょう。

サポートのレベルは3段階で考える

このように、コミュニティAには厳格なルール設定や工夫がなされているのですが、では、そのような厳しいルールがあっても参加を継続するメリットは、どこにあるのでしょうか。

異業種コミュニティがもたらす、具体的なメリットについて考えてみましょう。

最も重要なのは、**他のメンバーからのサポートを得ることにより、自分が扱う商品やサービスの売上を上げられることです。**

同業種コミュニティと同様に、異業種コミュニティもビジネスコミュニティの一環であるため、こうした視点は欠かせません。売上の向上、あるいは経費の削減は、あらゆるビジネスコミュニティの主眼となります。

たとえば、メンバーのサポートには、次のような3段階のレベルを設定するといいでしょう。**レベル1のサポートは、メンバーが取り扱う商品を買ったり、サービスを利用したりといった、メンバー間での直接的なビジネスです。**コミュニティAの例をもとに、具体的な内容について見ていきましょう。

- **オーガニック野菜を生産しているメンバーから野菜を買う。**
- **オーダーメイド紳士服販売のメンバーにスーツを注文する。**
- **メンバーが経営するレストランで食事をする。**

野菜を買う、スーツを新調する、外食をするといったことは日常生活の一部です。日常生活の中で何かに出費する機会があれば、コミュニティ内に該当するビジネスを行っているメンバーはいないだろうかと考え、いるのであれば積極的に利用する。そうすることでメンバーに対する貢献となります。基礎的なサポートではありますが、効果は大きいものです。

また、週に1回以上はメンバーに貢献するのがルールであるため、それを守るためにはレベル1のサポートが欠かせなくなります。単純に、相互がビジネス的な支援をするだけでなく、それぞれのビジネスを理解したうえで商品・サービスを体感することは、他業種のノウハウを自らの事業に応用する際にも役立ちます。

レベル2のサポートは、メンバーが取り扱う商品やサービスを第三者に紹介し、メンバーの新規顧客を増やすことです。

もちろん、その商品やサービスが紹介するに値するものであることが前提となるため、メンバーが取り扱う商品やサービスをよく理解する必要があります。それが価値の高いものであれば商品やサービスのファンが増えることになるので、効果はレベル1のサポートよりも高くなります。

品質はいいのに認知度が低く、販売が伸びない。そのような商品やサービスには、レベル2のサポートがとても有効です。紹介というのは、ビジネスの現場において一般的に行われているものであるものの、機能させるのはそう簡単ではありません。その点、互いに同じ目的を共有している同志であれば、紹介を機能させやすくなります。

レベル3のサポートは、メンバーの商品やサービスをインフルエンサーに紹介することです。

インフルエンサーの発信力は商品やサービスの認知度を飛躍的に向上させる可能性がありますが、ここでも商品やサービスの品質が鍵となります。誰が見ても優れた商品性を備えているときに、インフルエンサーの影響力が強い追い風となるのです。

紹介という意味ではレベル2と変わりませんが、より影響力を高めるという意味において、インフルエンサーの活用は重要です。商品・サービスのブランディングを行う際にも、インフルエンサーへのアプローチを相互に促しつつ、単純な広告効果だけでなく、より効果的な施策（影響力拡大、シェアの拡大）へと落とし込んでいきましょう。

このように異業種コミュニティにおいて成果を得るためには、自らのビジネスに実質的な価値が必要と言えるでしょう。

異業種コミュニティの理想は、それぞれの業種におけるスペシャリストの集合体です。

互いにスペシャリストであるからこそ、リリースを共有することで、相乗効果を生み出せるのであり、中長期的な価値を創出できるのです。

信頼関係と料金設定は相関する

コミュニティAのメンバーは、つねに他のメンバーに対して何かサポートできることがあるのではないかと考え、行動します。それだけコミュニティにコミットすると、相応の時間と労力を費やすこととなるでしょう。

しかし、ここで見方を変えると、**他のメンバーのために費やしている時間と労力は一方通行ではなく、自分にも返ってくる**ものだということがわかるでしょう。

与えるから得るものがある。それがビジネスコミュニティの本質であり、同業種コミュニティのルールはその前提となります。コミュニティAのような、ルールが厳格化された

異業種コミュニティで得られる質

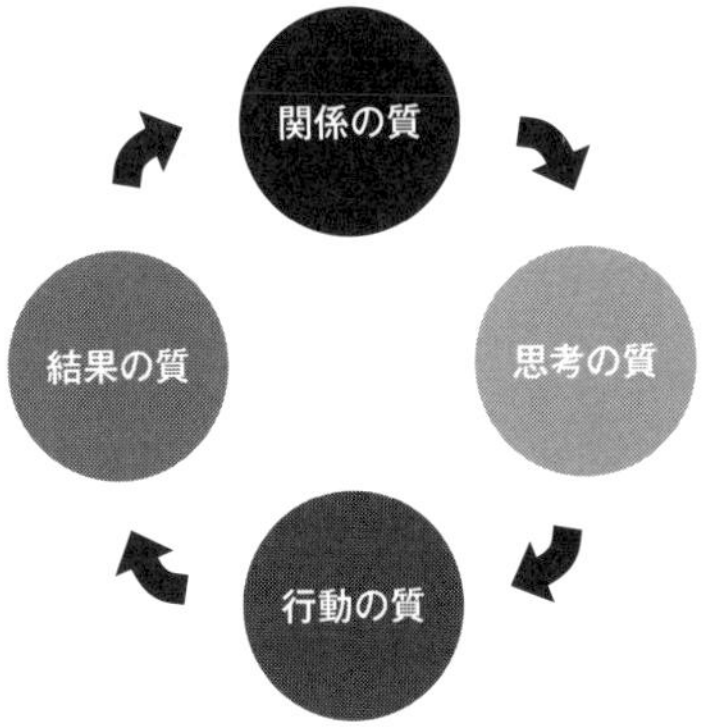

■MIT元教授のダニエル・キム氏が提唱する「成功循環モデル」

コミュニティでは、与えることと得ることの均衡が図られることとなります。その結果、優れた仕組みがあるコミュニティは、多くの人が参加を継続しています。

本来、ビジネスの協力者をいちどきに数十人規模でつくることは難しいでしょう。通常のビジネスにおいては、自分のビジネスのために動いてくれる協力者は、信頼を得るための時間をかけて、コツコツと増やしていくものです。ところが、ルールによって巧みに機能させるビジネスコミュニティでは、いちどきに協力者を得ることが可能となるのです。

もちろん、取引先や従業員のように、長い時間をかけて築いた信頼関係とは異質の関係となります。

ただ一方で、ビジネスを展開するうえでは理想的な人間関係と言えます。

お互いに直接的な利害関係がないだけに、率直な意見交換ができることに加えて、異なる視点から情報交換を行うことができる。そのような仲間は、ビジネスの成長に大きく貢献します。

こうした厳格なルールを設けて、妥協することなく運用することにより、異業種コミュニティは公平なものとなり、メンバーのモチベーションも上がります。その他にも、モチベーションを上げる動機づけとして重要なのが、同業種コミュニティと同じく会費の設定です。有料が基本となりますが、ポイントはその金額をどう設定するかです。

たとえばコミュニティAは、年会費18万円、ミーティング費用が月5000円で運営されています。ミリオネアデンティストクラブのような同業種コミュニティの場合、コミュニティに参加することによって得られる利益にはある程度の見込みがあり、それに応じた会費を設定できるのですが、異業種コミュニティの場合、得られる利益は一様ではありません。

そのため、妥当なラインを設定することとなり、コミュニティAの会費は前記のようになっています。もちろん、この金額については主宰者の裁量によって決められることになり、それが高額であればあるほど理由が必要です。

理由とはつまり、コミュニティ自体の運営方針であり、クオリティのことです。その点を、事前に掘り下げておく必要があります。

一方で、会費が高額になるとメンバーのモチベーションはより高まり、結束は強くなる傾向があります。大きな支出をともなうだけに、それに見合う学びを得ようとするのは、他のコミュニティにおいても同様です。

しかし、あまりに高額にしてしまうと、参加する業種の幅が狭くなり、異業種コミュニティが本来備えるべき多様性の強みが失われる懸念もあります。やはり、異業種コミュニティの醍醐味は多様性にあるため、そのバランスを考慮するようにしましょう。

会費の設定は、ルールづくりとともに、異業種コミュニティの性質を決定づけます。異業種コミュニティの中には、年会費や月会費を設けずに、ミーティングやイベントを行う際に、そのつど参加費を徴収するところもあります。

異業種コミュニティをつくろうと考えている方は、会費がコミュニティの質にもたらす影響を熟慮し、適正料金にすることが大事なのだと肝に銘じておきましょう。

異業種間の醍醐味はコラボレーション

コミュニティAではビジネスのコラボレーションも生まれています。たとえばメンバーの一人であるフレンス料理のレストラン経営者は、サラダやテリーヌなどにオーガニック野菜を使っています。野菜の仕入先はオーガニック野菜を専門に生産しているメンバーです。そのように、互いのビジネスを補完し合うことで、コラボレーションが実現しています。

このコラボレーションは、メンバー双方にメリットがあります。レストラン経営者は、直販なので相場よりも安くオーガニック野菜を仕入れることができます。一方で野菜の生産者は、安定的な販売先を確保することになります。このような関係性は、相互のビジネスを前に進めつつ、成長を促すことにつながるのです。

また、ふたりは頻繁に連絡を取り合っており、数日後から数週間後の収穫予定を共有しています。野菜が多く採れて、余剰が出る見込みのときには、レストラン経営者は、その野菜を中心に使うメニューを事前に考え、生産者のロスを防ぎます。こうした協力に対して、生産者は黒ダイコンやサボイキャベツといったフランス料理で使われる野菜を、経営者のリクエストに応えてつくっています。

とくに近年では、健康志向の高まりを受けて、産地直送のオーガニック野菜を使った料理の数々は、このレストランの看板メニューになっています。それぞれがもつ商品やサービスを提供し合うだけでなく、**相互のノウハウも活かしながら、時代にマッチしたビジネスを展開していく**こと。それが、顧客価値の創造に結びつきます。

別の事例も見てみましょう。住宅リノベーションを手がける会社を営むコミュニティAのメンバーは、防水工事の自営業者のメンバーとチームを組んでいます。

一般的に、住宅リノベーションにおいて防水工事の施工不良は重大なトラブルに発展することが多く、施工業者の選定は住宅リノベーションを請け負う会社にとって、リスク管理の点からも極めて重要です。

そのため、施工品質に信頼のおけるメンバーとチームを組むことは、住宅リノベーション会社の経営者にとって大きなプラスになるのです。

一方、防水工事の自営業者にとって、住宅リノベーション会社は営業の窓口となる存在です。広告を出すなどして自ら顧客を確保しなくても、住宅リノベーションの会社から安定的に仕事が入ります。ともに補完し合えるビジネスであることに加え、それぞれのリソースを持ち寄ることで、無駄をなくし、効率的な経営を実現しています。

また、住宅リノベーション会社のチームには、ガーデナーのメンバーも参加しています。具体的には、イングリッシュガーデンを基本に、建物に合う庭づくりをするガーデナーであり、このガーデナーがチームに加わって以降、住宅リノベーション会社は、庭を含むエクステリアの提案を行えるようになりました。

ガーデナーが描く水彩のアイデアスケッチやパース画は、他の住宅リノベーション会社との差別化につながり、成約率の上昇につながっています。このように、親和性の高いメンバーが加わることで、知見やノウハウがビジネスに加わり、よりよいサービスの創造につながります。

以上のようなコラボレーションは、優れた異業種コミュニティにおいて生み出されています。

必要なのは、「自分はどれだけ他のメンバーに貢献できるだろうか」「ビジネスで協力し合えるメンバーはいないだろうか」「コラボレーションをしたときに、ビジネスが新たな発展をしないだろうか」などをつねに考える姿勢であり、その実現を模索することが大切です。

そのような姿勢があって始めて、異業種コミュニティはポテンシャルを発揮するのです。

ルールと費用対効果を見極める

ここまで、異業種コミュニティの一例として、コミュニティAについて紹介してきました。

あらためてまとめると、コミュニティAは、異業種コミュニティの中でもかなり厳密なルールのもとに運営されているコミュニティです。「週1回の朝のミーティングには必ず参加する」「参加できないときは代理を立てる」「週に1度は他のメンバーに具体的な貢献をする」といったルールによって、メンバーを絞り込んでいます。

異業種コミュニティの形態はさまざまであり、必要最低限のルールで運営するコミュニティをつくることも可能です。そのほうがメンバーを集めることも容易でしょう。自らが発起人となり、異業種コミュニティをつくるなら、最初に力を注ぐのはルールづくりです。ルールはコミュニティの性質を決定します。一般的に、ルールを厳密にするとビジネスの進展が確実性を増し、ルールを必要最低限にすると交流の場としての機能が強くなります。

異業種コミュニティをつくって、何を実現したいのか。その問に対して明確な答があるのなら、自ずとルールは決まるはずです。ルールによって、ビジネスコミュニティの方向性は決まります。**ルールはコミュニティの設計図**なのです。

さて、コミュニティAは、会社の経営者や自営業者のメンバーが、それぞれの利益を伸ばすためのコミュニティということでした。メンバーの交流やセミナーなどを通して、ビジネスの仲間を増やしたり、新しい知見を得たりするメリットもありますが、第一義的には利益を伸ばすために活動しています。コミュニティAのメンバーでいることのメリットは、金額に換算できると言っていいでしょう。

その点、年会費やミーティング費用は、メンバーそれぞれが利益を伸ばすために機能しているという一面もあります。出費を上回る利益を上げなければコミュニティAに参加する意味がなく、メンバーは積極的に活動をすることになるからです。厳しいルールが設定されているのも同様の理由からです。積極的な活動＝コミュニティへの貢献が、結局はメンバーそれぞれの利益につながります。

そのような金額感を養うために、これからビジネスコミュニティを始める人は、既存のコミュニティを体験してみるのもいいでしょう。世の中には非常に多くのコミュニティがあり、原則的にメンバーの紹介が加入の条件になるものから、Ｗｅｂサイトの申し込みフォームに記入して送信するだけで加入できるものまで、形態はさまざまです。

メンバーの数も、数名から数千人まで幅が広く、自分に合うコミュニティを見つけるのが最初の関門になるかもしれません。スタートアップ、ビジネスマッチング、異業種交流、自己啓発、地域の活性化など、扱うテーマからコミュニティを大きく選び、具体的な活動内容を調べて参加するのがいいでしょう。

もちろん、ビジネスコミュニティにはトラブルもあります。多いのは、セミナーの内容が金額に見合うものではないというものです。書籍を読めば手に入るような知見や情報しか提供しない高額のセミナーもあるようなので、注意が必要です。コミュニティに得るものがなく、メンバーにセールスされるだけで終わるというトラブルもあります。

ビジネスコミュニティにおいて重要なのは、当然のことながら、費用対効果です。ギブアンドテイクの関係性が感じられないコミュニティは避けるべきです。また、発言の機会をほとんど与えられないようなコミュニティも健全ではありません。自分がコミュニティマネージャーとなってビジネスコミュニティをつくるときは、そのようなコミュニティを反面教師にしましょう。

一切のトラブルが生じないコミュニティはありませんが、諸問題を事前にクリアし、適切なルールと金額設定をしているビジネスコミュニティを、ぜひ見習うようにしてください。

コミュニティのさらなる価値向上を目指して

会費の金額やルールの内容に違いはあっても、多くのビジネスコミュニティは会費とルールが両輪となって活動を支えています。ところが、中には会費もルールも設けることとなしに、メンバーが深い結びつきを保っている異業種コミュニティもあります。

ここからは、あるコミュニティBをもとに説明していくことにします。

コミュニティBは、20年以上の歴史をもつコミュニティです。このコミュニティは、ある都市銀行の行員がコミュニティマネージャーとなって組織しました。メンバーは、証券会社の社員、保険会社の社員、全国紙の記者、業界誌の記者、一般週刊誌の記者などです。それぞれ異なるフィールドの第一線で働く者が集まる目的はただ一つ。情報を収集することです。

コミュニティBを始めた当時、そのコミュニティマネージャーは融資審査を担当していました。企業のバランスシートなどを評価し、融資の可否、融資する金額を決定するのですが、決算書のオモテに出ている数字だけでは正しい評価ができないこともあります。ウラに問題が隠れており、融資が回収不能になる危険もあるのです。

リスク回避のためには、信頼の置ける個人対個人だから得られるウラの情報が極めて重要です。そのためにコミュニティマネージャーは知己の証券会社員や新聞記者などに声をかけてコミュニティBをつくったのでした。

コミュニティBのメンバーは定期的に集まりますが、それは会議室などで行う一般的なミーティングとは異なり、いわゆる飲み会です。参加は自由。会費はなく、飲食代の実費だけです。もちろん、職務上の守秘義務は遵守しますが、コミュニティ内に厳しいルールはありません。

自分がもっているウラの情報で他のメンバーに協力し、その返礼として、役立つウラの情報を受け取る。その関係性がフェアであるうえに、得られる情報には大きな価値があるため、コミュニティBは長く続いています。

コミュニティマネージャーは10年ほど前、コミュニティBをつくったからこそ得られた情報に助けられたことがあります。当時、コミュニティマネージャーはある会社の融資審査をしており、融資を決定する直前でした。しかし、メンバーの新聞記者から、その会社の主要取引先一つに反社会的勢力の影がちらつくという情報を得たのです。

決算書にはなんの問題もないものの、リスク回避のために融資は行いませんでした。その会社は振り込み詐欺の被害に遭い、ほどなくして倒産。融資をしていれば回収不能となり、コミュニティマネージャーのキャリアにも傷がつくところだったのです。

情報の中には、金額で表せないほど価値の高いものもあります。回収不能を防いだ融資額に見合う情報量を個人で支払うことはできないでしょう。メンバー相互の信頼によって結ばれるコミュニティだから、そんな価値ある情報を得ることができるのです。

メンバーそれぞれが利益を上げるために、会費とルールを設けているコミュニティA。同じくメンバーそれぞれが情報という利益を得るものの、会費やルールは設けていないコミュニティB。両者は対照的であり、異業種コミュニティの両極にありますが、受益の大きいビジネスコミュニティとして成り立っています。

異業種コミュニティをつくる際は、コミュニティAとコミュニティBを結ぶラインの、どのあたりに位置づけるかを考えるといいでしょう。メンバーそれぞれがコミュニティによって利益を上げることのできる仕組みをつくれば、どんな形態のコミュニティでもいいのです。

どのような異業種コミュニティをつくるにしても、初期メンバーの顔ぶれがその後の鍵を握ります。SNSなどを使って広くメンバーを募ることもできますが、初期メンバーは信頼関係を結ぶことと、ビジョンの共有が大切です。その意味では、ビジネスパートナーや親しい友人に参加を呼びかけるほうが現実的でしょう。

つまり、ビジネスコミュニティづくりは、日ごろから人間関係を大切にすることが前提となるのです。

第6章

実例から学ぶ コミュニティ運営の極意

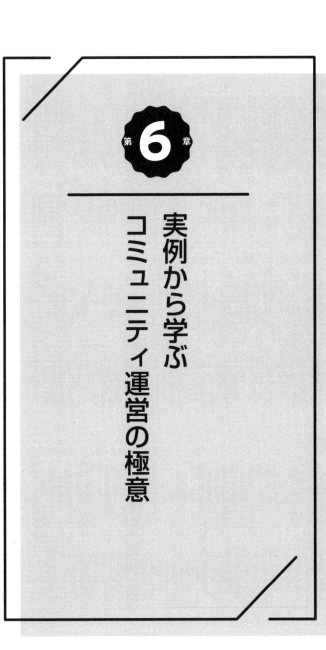

第6章では、私が運営するミリオネアデンティストクラブの運営内容を中心にご紹介します。どのようなコンテンツを提供し、どのような方針で運営しているのかを見て、自らのコミュニティづくりのための参考にしてください。こうした内容は、同業種コミュニティはもちろん、異業種コミュニティの運営にも応用できるかと思います。

ミリオネアデンティストクラブの活動の柱はセミナーです。歯科医院の院長が直面する経営上の問題は多種多様ですが、私は経験上、どんな問題も解決できる質のものだと考えています。誤解を恐れずに言えば、マニュアル的な対策によって、ほとんどの問題は解決できるのです。そしてセミナーは解決法を伝える有効な手段なのです。

一般的にはほとんど知られることがないと思いますが、よくある歯科医院経営の問題点を紹介しましょう。私には院長の友だちが多いのですが、一人で経営上の問題を抱えて、悩んでいる人が何人もいます。日々、患者さんと向き合い、スタッフの指揮をとる立場として、とても健全な状態とは言えません。

院長の悩みは、大きく2つに分けられます。

一つは利益が上がらないことです。院長の平均年収は1200万円と言われています。勤務医の月収は60〜80万円、分院長で80〜150万円くらいですから、開業しても、収入面で有利になるとは限りません。ただし、院長になると、勤務医とは違い、収入を大きく増やす可能性があります。反対に、経営不振によって収入を減らす危険性もあり、最悪の場合、負債を抱えて倒産することもあります。

もう一つの悩みは、人間関係です。無自覚にスタッフを教育しても成果は上がらず、スタッフ同士の関係や、院長とスタッフの関係は悪くなりがちです。スタッフ同士が仲違いした結果、泣きながら院長に相談するというようなケースもあり、そうなると診療にも支障をきたします。

開業しても利益が上がらず、また、人間関係に悩まされるのはなぜでしょうか。それは経営者の目線が足りない、あるいは、残念ながらまったくないからです。

歯科大学で経営を学ぶことはありません。歯科大のほとんどの学生は、歯科医師という〝職人〟として社会へ出て、その多くは勤務医となり、職人のまま、独立開業します。経営状況の思わしくない歯科医院が多い背景には、そうした事情があるのです。

歯科医院の経営を軌道に乗せて、安定的な利益を上げるためには、経営を学ぶことが不可欠です。当たり前のことのようで、多くの歯科医師はそれができていません。そのことに気づいていても、的はずれな勉強をするだけで経営を一向に改善できない歯科医師もいます。

たとえば、書籍やインターネットで経営を学んでも、それは一般論でしかありません。問題のありかに気づくヒントになることはあっても、個別の問題を解決する特効薬にはならないのです。それでは、有料の経営セミナーはどうでしょうか。

私も独立開業した当初、経営上の問題が山積していたため、歯科医院の院長を対象とした経営セミナーに参加したことがあります。それでわかったのは、一般的な経営セミナーは、知識を得ることはできても、実践的ではないということです。ただ、知識を得ただけでは、そのまま経営に活かすのは難しいでしょう。たとえば、馬に乗ったことのない人が、動画とテキストでいくら乗馬を学んでも、いざ馬を前にして実際に乗りこなすことは難しいでしょう。同じように、歯科医院の現場を知らないコンサルタント会社の講師が歯科医院の経営を語っても、机上の空論に過ぎないのです。私はいくつかの経営セミナーに参加しましたが、なかなか満足のいくものはありませんでした。

歯科医院の経営について、他の誰かから知恵を得て、問題の解決を図るなら、やはり講師は歯科医師が最適なのです。その知見と経験を軸に、実践につながる学びが得られるためです。歯科医師に限らず、同業種コミュニティがメンバーの利益増につながる理由は、ここにあります。

「技術力」と「経営力」が経営の両軸

歯科医院の経営について、実効性のある的確なアドバイスができるのは、歯科医院の現場を知っている者だけです。

なぜなら、歯科医院の現場を知らずに机上の空論だけを並べても、実践には結びつかないからです。その点、一般論に偏ってしまいがちな座学より、**双方向の対話を通じて行うコミュニケーションのほうが役に立ちます**。

一方で、経験豊富な年長の歯科医師にアドバイスを求めれば正解が得られるかというと、必ずしもそうではありません。その理由は、「暗黙知」と「形式知」の違いにあります。いかに経験豊富な人であっても、身につけている暗黙知を形式知にしていなければ、他の人に対し、適切に伝えることはできません。だからこそ、講師の存在が重要なのです。

私自身、独立開業を具体的に考え始めたころ、親しくしてもらっている大学の先輩を訪ねました。その先輩が経営する歯科医院は、患者さんからの信頼も厚く、経営は順調でした。しかし、先輩の話を聞き終わったとき、私は、視界が広がる感覚を得ることができなかったのです。その理由について、私なりに考えてみたところ、次のような事実がありました。

その先輩が開業したのは、20年以上も前のことでした。そのため先輩の経営術は、現状のようなスタイルが構築されて以来、ほとんど更新されていないようだったのです。しかし、ここ十数年でインターネットは急速に普及し、スマートフォンが一般的なデバイスとなるなど、テクノロジーの進化は日進月歩となっています。

そうした事情もあり、歯科医院においても、インターネットを介しての集客や求人が主流となっていくことは明らかです。ただその歯科医院では、インターネットを積極的に活用していなかったのです。そのため、これからの歯科医院経営にマッチするかどうか分からず、参考にできる学びが限定的となってしまいました。

もちろん、この先輩の場合、歯科医師としての技術が確かであることから患者さんが集まっていると思います。

他方で、そのような技術をこれから身につけていく人の場合、他の戦略も駆使しなければならず、また発展性も加味しながら模索する必要があります。

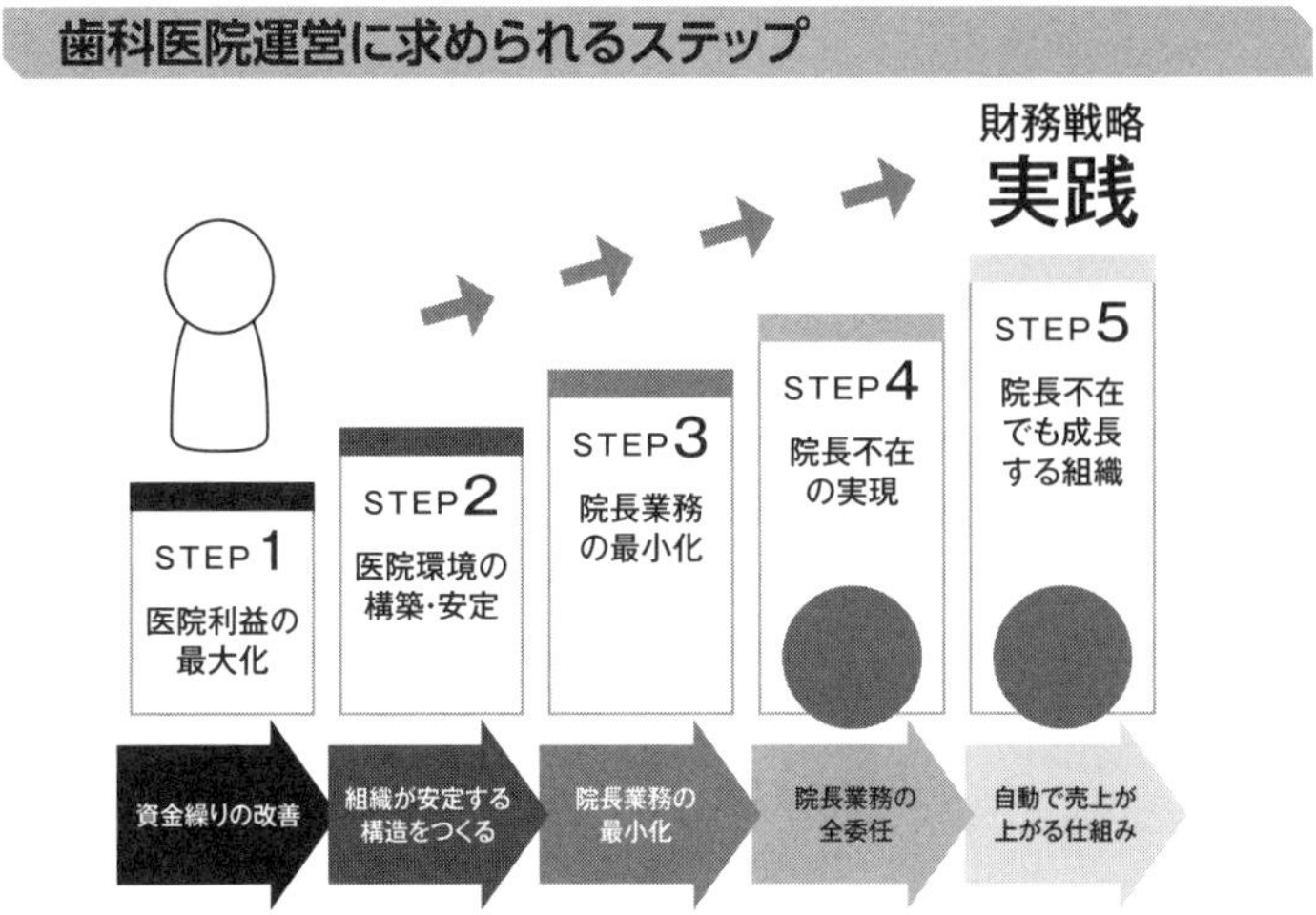

やはり「名選手、名監督にあらず」の格言は、歯科医師にも当てはまるのではないでしょうか。

そのときに必要なのが、歯科医院運営における経営スキルです。

あらゆるビジネスにおいて経営力が求められることはすでに述べてきたとおりですが、技術に自信がある人ほど、この点がおろそかになりやすい傾向があります。とくに医院を運営する立場の人は、技術力とともに、経営スキルを高めていくことが必要となります。

また歯科医院の院長の中には、〝患者さんを第一に考えるのが歯科医師であり、経営は二の次〟という価値観の人もいます。

一見、正論のようですが、私は、**職人としても経営者としても力量のある人が、本当に優れた院長である**と考えます。

どちらもできて初めて、歯科医院を安定的に運営していくことができるからです。

歯科医院の利益は、スタッフの待遇や職場環境と連動します。十分な利益を上げている歯科医院は、患者さんへの対応も向上させることができ、そこで働いている人をも幸せにすることができます。それができて初めて、院長先生として優秀であると言えるのではないでしょうか。

その点、技術力と経営力は〝車の両輪〟のようなものだと思います。

だからこそ、私はビジネスコミュニティを通じて、双方を高めていくことが欠かせないと考えています。技術力を高められるような工夫をしつつ、同時に、経営スキルも養っていく。自分一人でそれを実現するのは難しいかもしれませんが、ともに高め合うことで、それが可能となるのです。

双方向のやりとりが圧倒的な質の向上につながる

書籍やインターネットから、歯科医院経営に関するすべてを学ぶことはできません。一般的な経営セミナーも同様で、経営術を日々更新していない限り、同業者の先輩からもそれほど多くのことは学べないと思います。それでは、歯科医院の利益を最大化し、スタッフマネジメントも隙のないものとするには、どうすればよいのでしょうか。

やはり、同じ目的意識をもった、学びに貪欲な歯科医師が集まるコミュニティで、情報やノウハウをシェアする他ないというのが、私の結論です。そのためにビジネスコミュニティを活用するのが本書のテーマでもあるのですが、事実、そのような関係性の構築と実践が経営に対するポジティブな影響を与えることとなります。

コミュニティのメンバーは「利害」によって「インサイド」に集まっており、だからこそ「深い結びつき」をもっています。それがコミュニティの定義であり、とくにビジネスコミュニティでは目的の明確化と、それに伴う運営が不可欠ということでした。その点、コミュニティで得られる情報と、一般的な交流会等で得られる情報には、違いがあります。

コミュニティでは情報のやりとりが双方向であるため、**やりとりを繰り返すことで情報は高密度になり、質の高いものとなります**。一般的なセミナーでも、講師に質問し、その答えが返ってくれば双方向のやりとりに思えますが、それは本質的に、講師からセミナー参加者への一方通行の情報提供です。やはり、双方向性が重要となります。

その点、コミュニティでは、自分から情報発信ができるのが大きなポイントとなります。自ら情報発信をすることにより、アウトプットを通じて情報が得られ、その情報は全員でシェアされながらより価値が高められます。インプットだけでなく、アウトプットすることによって学びが定着し、無理なく実践することができるようになります。

このような仕組みの中で、新たな価値をもった情報が生み出されていきます。だからこそ、私はコミュニティにおいて情報の出し惜しみはしません。中には、時間もコストもかけて正解にたどり着いた貴重な情報もあります。しかし、そのような情報を提供してこそ、受け取る情報も質の高いものとなり、コミュニティのメンバーも成長するのです。

学びの場として、コミュニティほど強力なものはありません。社会に出てからはとくにそうでしょう。評価の高い大学には名物ゼミがあり、研究成果も他と一線を画しますが、優れたコミュニティは名物ゼミに似ています。ゼミのように議論を交わしながら、ともによりよい医院経営を学んでいくこと。そのような環境が大事なのです。

では、具体的に、どのような情報を提供していくのが望ましいのでしょうか。次項からは、ミリオネアデンティストクラブのメンバーが共有している情報や経営ノウハウをいくつか紹介します。ポイントとなるのは、歯科医院経営を促進するうえで欠かせない重要な要素、つまり歯科医院経営のキーを押さえておくことにあります。

これらは当然、歯科医院経営に関する有益な情報や実践的ノウハウとなりますが、歯科医師ではない方にも無縁ではないと考えます。なぜなら、専門性が高いようでいて、さまざまな職種に応用できる発想や考え方がもとになっているからです。そのような知見は、あらゆるビジネスの基本でもあります。

きっと歯科医師と同じように労働集約型の職種――クリニックの医師、整体師、鍼灸師、美容師、調理師といった職種で、店舗を運営している方々には参考になると思います。紹介する情報をもとに、自らの店舗経営にどう活かせるか、考えながら読み進めてみてください。

「キャンセル率」が経営力を高める

まずはミリオネアデンティストクラブで力を入れていることに、「患者さんの予約キャンセル率を下げる」ことがあります。最初にこのテーマを取り上げた理由は、経営スキルを高め、自分が運営する医院を安定的に経営していくことが重要であるからです。とくにキャンセル率を低下させることは、経営に対するインパクトが大きく、かつ成果も出しやすい分野となります。

キャンセル対策は、どの歯科医院にとっても非常に重要な課題です。何も対策をとることなく、キャンセル率が15%を超えるような歯科医院もありますが、そうなると経営はかなり苦しくなってしまいます。そこで多くの歯科医院では、キャンセル率10%を防衛ラインとして掲げ、日々、攻防を繰り返しているのが現実です。

事実、患者さんからキャンセルが入り、その時間に空きが出てしまうと、その間の売上は0となります。一方で、人件費、家賃、光熱費などの固定費は、キャンセルの有無にかかわらず一定でかかります。そう考えると、いかにキャンセルを減らせるかが医院運営の要諦になることは明らかです。まずは、この点をきちんと認識しておく必要があります。

他の店舗運営においても、予約を受けている場合は、キャンセル率を下げることが利益に直結するとの理解が欠かせません。そのために何ができるのか、どのような施策を講じておくのかと検討を重ねることが、運営者には必要です。歯科医院の場合、そのための有効策を講じることは院長の責務と言えるでしょう。

私自身としては、大きく2つの方向性によるキャンセル対策を実施しています。その結果、キャンセル率を3％代まで下げることに成功し、その策をミリオネアデンティストクラブのメンバーとシェアしています。前述のとおり、歯科医院における3％代のキャンセル率は極めて優秀であり、かつ経営の安定化を実現してくれます。

具体的な施策の一つは、患者さんに対し、「予約は患者さんと歯科医院の約束である」ことを意識してもらうというものです。そのために、私が経営する「ほほえみ歯科」では、キャンセルポリシーというものをつくっています。**キャンセルポリシーを用意することで、患者さんに対し、予約の意味づけを強めている**のです。

キャンセルポリシーは、「予約の変更・キャンセルについて」「遅刻について」「無断キ

キャンセルポリシー同意書の実例

キャンセルポリシー同意書

当院は完全予約制となっております（急な症状の場合はこの限りではありません。

皆さまにスムーズかつ精密な治療やメンテナンスを受けていただく為のご案内となりますので、皆様もお時間に余裕を持ちましてご来院下さい。

ご理解とご協力の程、よろしくお願いいたします。

ご予約について

皆様がスムーズに治療を進める上でもご予約はお守り頂きますようお願い致します。

なお、ご予約はインターネット、電話または直接受付でお取り頂きますようにお願い致します。

ご予約の変更について

ご予約の変更・キャンセルは予約日の2日前までにご連絡下さい。

予約当日のキャンセルや無断キャンセルが続く場合は、次回以降のご予約を2～4週間空けさせていただくことや、ご予約をご遠慮いただくことがあります。

予約時間への遅刻について

ご予約時間より遅れての来院になりますと、その分治療時間が短くなります。

予定しておりました内容の変更または治療のご案内が出来ないこともありますので、ご了承ください。

もしも、予約時間に遅刻する可能性がある場合は、事前に電話連絡いただけると幸いです。

当クリニックの対応について

無断キャンセルされた方には、当日から電話にお出になるまで1週間ほど連絡をさせていただくことがあります。

今後の通院の意思確認も含めての電話となりますので、是非ほほえみ歯科の電話番号（072-673-4483）をご登録ください。また、治療時間が長く必要な場合、ご家族みなさんでの診療の場合、次回のご予約までの期間が長い場合は、前日に電話連絡させていただくことがあります。

上記のように約束事が多いのですが、予約対応が優良と判断させていただいた患者様には、治療をスムーズに進めるために複数回の予約が可能となっております。

治療を早く進めたい・終了したいという方は、予約のルールを順守していただければ幸いです。

私たちスタッフも治療時間の遅れが出ないように、かつ治療の質は維持しながら対応させていただきますので、「ご予約＝患者様とのお約束」という精神で頑張りますので、是非ともご協力のほどよろしくお願い致します。

治療の中断について

治療中での来院中断は、歯の症状を進行させることになります。

歯の病気は進行すればするほど、費用・治療時間・来院回数が多くなってしまいます。

もし中断してしまった場合でも、ご自身の歯を守るために早めにご連絡頂ければ幸いです。


上記の内容をご確認の上、サインをお願い致します。

キャンセルポリシーに同意します。

年　月　日

ご署名：

ャンセルについて」などの注意事項を明文化した書類です。患者さんには、診療初日にまずそれをお渡しし、サインしていただきます。口頭ではなく、サインをする書類にて注意事項をお伝えすることで、キャンセル率は確実に下がります。

もちろん、そのような工夫をしていても、キャンセルをする方はいます。そうした場合、とくにキャンセルを繰り返す方には、予約が取りにくくなるような対策もとっています。一種のペナルティですが、最初に明文化した書類で注意事項を取り交わしておけば、トラブルになることはほぼありません。

キャンセル対策のもう一つの方向性は、患者さんに歯についての知識を高めてもらい、〝自分の歯を大切にするためにキャンセルはしない〟と意識してもらうことです。実際、治療を中断すると、歯の病状が進行します。痛みが治まったとしても虫歯は悪化し、結果的には患者さんの不利益になるのです。

そうした知識を身につけてもらうために、私の経営する「医療法人 百花繚乱」では、診療初日に待合室で、患者さんに歯の基礎知識と歯の治療に関する動画をｉＰａｄで見てもらいます。以前はスタッフがスライドを用いて、口頭で説明していましたが、ｉＰａｄに替えたのは正解でした。スタッフの仕事量が減り、動画だからこそ、患者さんに均質の説明ができるようになったのです。

これらの施策によって、私たちはキャンセル率を下げることに成功し、医院経営の安定化を実現しています。このように自らの医院での成功例を惜しみなく出し続けることで、コミュニティからの信頼獲得をつねに意識しています。

集客は「インターネット」と「紹介」の2面作戦

安定経営を実現するためには、集客も大切です。歯科医院において「集客」という表現は適当ではないと思われるかもしれませんが、数ある歯科医院の中から患者さんに選んで来ていただくことは、紛れもなく集客の一貫となります。歯科医院を安定的に運営していくためには、いかに患者さんを獲得できるかが鍵となるのです。

また、認知度を高めるという意味でも、差別化を図るという意味でも、集客を工夫することは非常に重要です。認知度向上と差別化は、あらゆるビジネスにおいて「顧客から選ばれる」ために欠かせない要素であり、それは歯科医院の運営においても同様です。いずれも、マーケティングやビジネス戦略における土台となります。

認知度向上のために、現時点において最も有効な集客の手段は、インターネットの活用でしょう。昔から歯科医院を経営している人の中には、インターネットを敬遠する人もいるかと思います。ただ、若い患者さんを中心に、インターネットを活用してほしいと考えている人は少なくありません。だからこそ、できることから始めましょう。

まず、ホームページに力を入れることは必須です。「ほほえみ歯科」では、「痛くない、削らない、抜かない、怖くない」治療や、「患者さんの目線に立った、通いやすい医院づくり」などの5つの特徴を打ち出していますが、ホームページの最も目立つ位置に掲載し、どんな歯科医院なのかを理解していただけるようにしています。

また、矯正治療、インプラント治療、審美治療、ホワイトニング、予防治療、歯周病治療、ヒアルロン酸・ボトックス治療、根管治療など、扱っている診療はすべて写真・図解入りで詳しく解説し、来院前にイメージできるようにしています。そうすることで、事前にどのような治療ができるのかを、わかりやすく提示しているのです。

ホームページについて、**最近の顕著な傾向は、ユーチューブを組み込んだほうがいいということ**です。歯科医師の技術が高い場合や、最新の治療法を取り入れている場合は、とくに動画が効力を発揮します。動画は映像と音声によって大量の情報を提供することができ、かつ、視聴する人の負担も少ないのが特徴です。

さらに、インターネット上のあるべき場所に、自分の歯科医院の情報が掲載されていることも重要です。そのため、歯科専用のポータルサイトに登録することも必須です。ホームページを設置したら、ポータルサイトへの登録も検討してみましょう。

ディスプレイ広告やリスティング広告などのクリック数に応じて課金されるPPC広告を利用するのも効果的です。フェイスブックやインスタグラムでも似たようなことができるので、歯科医院の特性に合わせた広告展開をするといいでしょう。検索エンジンで上位に表示されるように最適化するSEOの取り組みも欠かせません。

現在、「医療法人 百花繚乱」では、売上の3%程度をインターネットの広告費に充てていますが、金額よりも、多くの歯科医院の中から選んでもらえるコンテンツづくりが重要であると考えています。**どのような方針で治療しているのかを、わかりやすく、丁寧に発信する**こと。そのために、コンテンツを磨くことが求められます。

一方、インターネットとは真逆の、アナログな集客方法の中にも効果的なものがあります。それは紹介です。患者さんが新規顧客を紹介してくださった場合、「医療法人百花繚乱」では紹介特典として、歯ブラシ1年分（12本）をプレゼントしています。

このような施策を通じて、患者さんに、自分の歯科医院のファンになってもらうことも、集客のための有効な取り組みとなります。

全員がプラス思考になる魔法「クレド」

スタッフのマネジメントがうまくできずに、スタッフの入れ替わりが多いなど、経営が安定せず、利益も上がらない。そうした歯科医院は多くあります。そこでミリオネアデンティストクラブのメンバーは、問題の根本的な原因を探ることから、解決を図ります。

原因の特定はさほど難しいものではありません。人間関係の問題など、スタッフマネジメントがうまくいかない原因は、十中八九、院長の考え方にあるのです。たとえば、歯の型とりをする際、スタッフが印象材（型とり粘土）をこぼしてしまい、患者さんの服を汚したとします。そんなとき、スタッフを叱りつける院長がいるのですが、それでは院長として失格です。

スタッフがこぼすということは、教育ができていないのです。口頭で伝えるだけでは不十分なら、型とりのマニュアルを見えるところに貼っておくなど、予防策はいくらでもあります。新人スタッフなどが、初めて経験する作業で失敗しても、とがめてはいけません。失敗しないように、教育しておくべきなのです。

院内で起こることは、すべて院長に責任がある。スタッフの失敗は自分の失敗と考える。そうした意識を徹底し、行動することができれば、一つのチームとしてまとまることができるはずです。

スタッフ教育においては、信条や行動指針を明文化することも大切です。それらを口頭で伝えても、忘れたり、誤った解釈をしたりする可能性があります。企業全体の従業員が心がける信条や行動指針のことをクレド（Credo）といい、私は一医院目の「ほほえみ歯科」を開院するときにクレドをつくりました。

クレドの設定でチームをまとめる

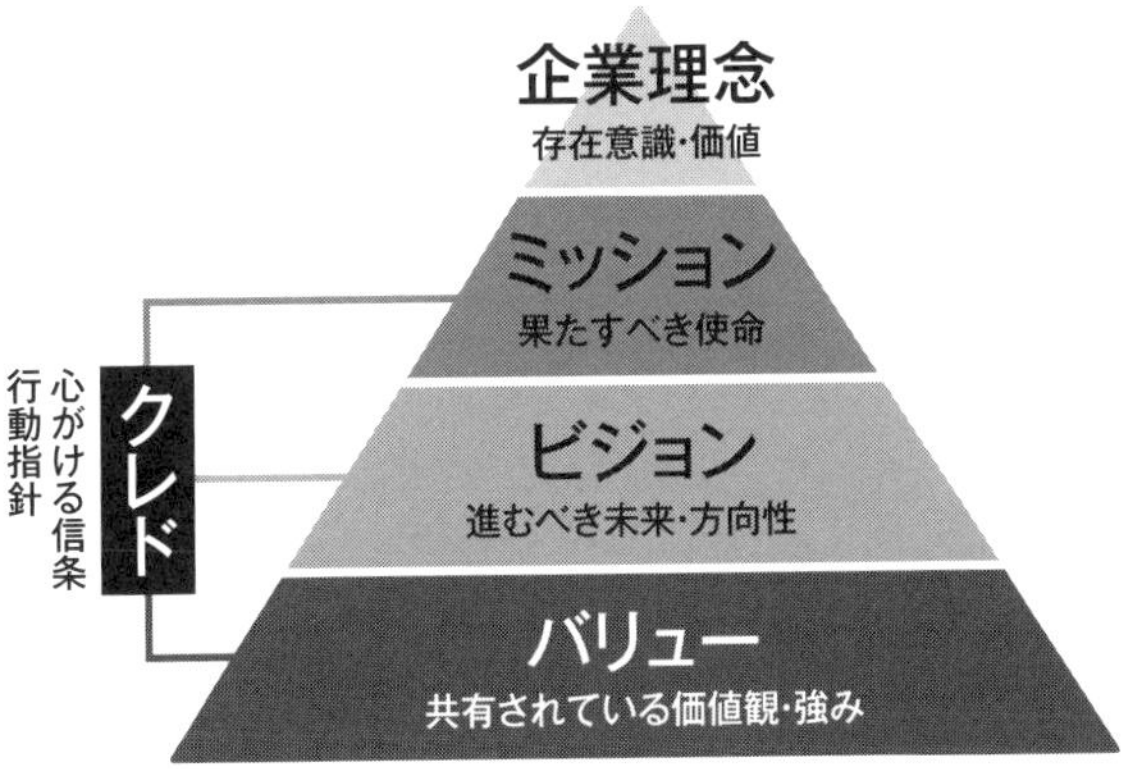

クレドを設定することで、より具体的に理解することができ、行動に移すことができる

経営理念や企業理念とは異なり、クレドの各項目は具体的です。たとえば、誰かが体調不良で休んだとしても、他のスタッフは不満を言ってはいけないと記しています。体調不良は誰にでもあることなので、他のスタッフが力を合わせて乗り切るということです。

このように、チームワーク、礼儀、問題解決などに関する具体的な行動指針を列記したクレドを、朝礼で週2回読み、問題が発生すればクレドに立ち返ります。同じ職場で働くすべての人がプラス思考でいるために、クレドは実効性が高い方策であると考えています。

失敗したスタッフを叱りつけて、自分の

責任を放棄している院長は、悪くすると、院長VS.スタッフ全員という図式になります。スタッフのモチベーションは大幅に低下。見えないところで仕事をサボるなど、正常な医院運営ができなくなります。

自分がトップであり、権限があるにもかかわらず、開業前に思い描いた理想的な歯科医院になっていないと感じたら、院長は自分を省みるべきです。スタッフの信頼を失ったり、やる気を削いだりするような言動があったことでしょう。歯科医院におけるスタッフマネジメントとは、言い換えるなら、スタッフから信頼される院長になることです。

スタッフから信頼されるためには、可能な限り、医院の経営を教えることです。スタッフが陥りがちな誤解に、売上のほとんどは院長の収入になっている、というものがあります。こうした誤解は、不満や、院長に対する不信感につながるので重大です。実際には、院長の収入となるのは、規模にもよりますが一般的には売上の10~30%です。こうした事実を伝えておくだけで、誤解によるスタッフの不満はなくなります。

経営に関することは院長の領域なのだから、スタッフは知る必要がない。そうした考え方はチームワークの妨げになります。従業員が数万人規模の大企業でも、従業員は有価証券報告書によって、会社の経営状況を知ることができるのです。院長とスタッフが日常的に顔を合わせる歯科医院の経営がブラックボックスでは、健全とは言えないでしょう。また、同じ職場で働く者は、一人ひとりが重要な役割を担っていることを院長が認識し、敬意をもってスタッフに接することも大切です。たとえば、受付とは歯科医院の顔のようなものです。受付の電話対応一つで、患者さんは頼れる医院か、任せられない医院かを決めてしまうため、集客に影響します。

受付が診療の予約を管理しているので、受付のさじ加減で、患者さんを断り、予約状況をコントロールするようなことが起こります。このサボタージュに対しては、予約が入っていない時間帯を定期的に報告させるという予防策があるのですが、根本的な解決策は、スタッフから信頼される院長になることです。

すべてのスタッフが医院には欠かせない存在であると認識し、敬意をもって接することで、スタッフマネジメントに関する問題は、そのほとんどを防ぐことができます。職人として歯科医師となり、歯科医院を経営すると、このあたりのことは気づきにくいのです。ミリオネアデンティストクラブは、スタッフマネジメントの成功例、失敗例を共有することによって、スタッフマネジメントの質向上に努めています。

正確な情報は身近な人から聞く

歯科医院で用いる機器を実際に使用したうえでの率直な評価がメンバーから提供され、評価を共有できることも、ミリオネアデンティストクラブの強みです。安価な機器なら、〝試しに使ってみようか〟という気軽な判断が許されますが、値の張る機器の場合はそういうわけにもいきません。メンバーからの評価はおおいに参考になるのです。

いまのところ、歯科医院としては少数派ですが、「医療法人 百花繚乱」は診療料金の自動精算機を導入しています。業務の合理化につながることを期待したのです。3～4社から売込みがあり、その他、資料請求したものも含めて、現行の主だった自動精算機を精査し、価格と機能で1機種を選びました。

結果的に、その判断は大正解でした。自動精算機はスタッフ0.5人分の働きをします。スタッフの給料が20万円だとすれば、1か月で10万円の働きをするということです。そのようなツールがあると、スタッフの労力を軽減することができ、本来やるべき患者さんへの対応などに力を注げるようになります。

こうしたことは、実際に使ってみないとわかりません。コミュニティでは、同業者の目線によるリアルな評価を知ることができて、最良の機器を選ぶことができます。このことからも、コミュニティは経営の強い味方と言えるでしょう。コストパフォーマンスの高い品を選ぶことは、利益のアップに直結するのです。

これは自動精算機に限らず、一般論ですが、熱心にセールスをかけてくる機器や物品が優れているわけではありません。むしろ、セールストークには〝盛り〟があり、実際は評価を低くせざるを得ないケースが多いようです。

宣伝過多のレストランよりも、インターネットの口コミで高評価のレストランのほうが、満足度は高い傾向にあります。そして、それよりも確かなのは、身近な人の体験談です。コミュニティ内の情報は、身近な人の体験談と同等の価値があります。**具体的な体験談を共有できるのも、ビジネスコミュニティの強み**なのです。

また、同業者のコミュニティに参加するメリットは、役に立つ情報やノウハウの共有だけではありません。**一定数以上のメンバーが集まると、スケールメリットが生じる**のです。

スケールメリットによって支出を抑え、利益を伸ばすことは、コミュニティをつくる目的の一つであると言っていいでしょう。

スケールメリットの一例として、ミリオネアデンティストクラブでは、インレー（詰め物）、クラウン（被せ物）、義歯などを特定のデンタルラボ（歯科技工所）に共同発注することで、それらの代金を抑えています。通常、歯科医院とデンタルラボは1対1の関係ですから、値引きの要求はできません。しかし、歯科医院とデンタルラボが複数対1の関係になると、交渉の余地が生まれます。

デンタルラボは、フル稼働しても稼働に空きがあっても、固定費はほとんど同じです。仮に、現状80％の稼働率だとして、コミュニティと取引をすることで１００％近い稼働率となることが期待できるのなら、デンタルラボの経営者は値引きに応じるでしょう。

加えて、デンタルラボにしてみると、個別の交渉なしに複数の歯科医院が新たな取引先となるのですから、営業にかける費用も必要なくなります。歯科医院にとっても、デンタルラボにとっても、コミュニティでの共同購入は利益の向上につながるのです。

ミリオネアデンティストクラブの共同購入に加わったメンバーは、ラボ代金を5～10％下げることができています。どのような業種でも、小ロットで生産する機器や、純正のパーツ、消耗品などは、一般的に値引きが難しい傾向にあります。しかし、コミュニティを使った共同購入なら、値引きが可能になることもあるのです。

収益性を高めるために絶対に必要な考え方とは?

ここまで、ミリオネアデンティストクラブでメンバーと共有している情報やノウハウ、スケールメリットの一部を、具体的に挙げてきました。ビジネスコミュニティでどのような情報が共有されているのか、その結果、いかに恩恵を受けられるのかをご理解いただけたかと思います。このことは、他の業種や業態でも同じです。

事実、本書で紹介したようなメリットの創出は、歯科医院に限らず、さまざまな業種に応用できます。どのようなビジネスにも顧客(患者さん)がおり、提供する商品やサービスがあります。そう考えると、いかにお客様に喜んでいただくかを考えながら、提供価値を高めていくことが、欠かせないとわかります。

現在、ミリオネアデンティストクラブのメンバーは、歯科医院の利益向上に直結する数々のノウハウを共有しているのですが、それらのうち、いくつかはミリオネアデンティストクラブをつくる前から私が想定していたものであり、いくつかは思わぬ成果と言えるものです。先進的なコミュニティの場合、こうすればうまくいくという決まった型がないのですから、コミュニティを動かしながらフォームをつくっていくということになります。

軸足がしっかりしていなかったら失敗するでしょう。しかし、目的が明確であれば流動性は力になるのです。それぞれのメンバーが積極的にアウトプットすることによるケミストリーがあると、コミュニティは成長します。想定内の学びだけでなく、想定外の学びを生み出すという意味で、コミュニティもまた成長しています。

つまり、メンバーの目的意識が共通しており、それがブレないことが、価値あるコミュニティづくりに必須なのです。共鳴できる目的の設定は、コミュニティづくりの第一歩と言えるでしょう。たとえばミリオネアデンティストクラブは、「歯科医院の収益を上げる」を目的としてメンバーを募りました。歯科医院が恒常的に収益を伸ばしていくことは、かなり難しいからです。

歯科医院を開業する際の借入金は平均で6000万円とされます。建物も含めての新規開業なら、1億円を超えるでしょう。スタート時点で大きな負債を抱えているのですが、多くの歯科医師はバランスシートのうえで経営を考えていません。考えていない、というのは言い過ぎかもしれませんが、その多くがどんぶり勘定なのです。

ただ、無理もないのですが、多くの人は経営を学んだことがないため、赤字にならなければOKという発想で医院を運営してしまっています。これでは、収益が伸びるはずもありません。そのような状況を放置しないよう、経営スキルを高めていくことが大事なのは、本書でも再三述べてきたとおりです。

年商1億円の歯科医院は全体の3〜5%と言われています。このボーダーラインよりも上にいるような歯科医師は、よく経営の勉強をしています。ボーダーラインに届かない歯科医師は、経営の勉強をしていません。中には、経営は歯科医師の本分ではない、と勘違いしている人もいます。

そこで私は、ボーダーラインを越えて、さらに上を目指すための歯科医師のコミュニティをつくろうと考えたのです。そのような歯科医師の目的意識は明快であり、軸足もしっかりしているはずです。勉強に前向きであり、アウトプットの内容は濃く、頻度も高いでしょう。コミュニティは有効に機能し、メンバーそれぞれが恩恵を受けることになります。

コミュニティの目的を設定できれば、あとはその目的がブレないように工夫し、実際にコミュニティをつくっていくことです。アイデアそのものに価値があるわけではありません。実行して初めて価値があるのです。これは私の信条ですが、コミュニティに可能性を感じ、コミュニティをつくってみたいと考える人すべてにとって、重要な考え方だと思います。

目指すべき理想は「三方よし」

コミュニティのメンバーは「利害」によって集まっています。コミュニティには内部と外部を隔てる境界線があり、メンバーは「インサイド」で「深い結びつき」を保っています。つまり、うまく運営できているコミュニティでは、境界線の内側で「自分がよく、相手もよい」関係が成り立っています。

「三方よし」の考え方

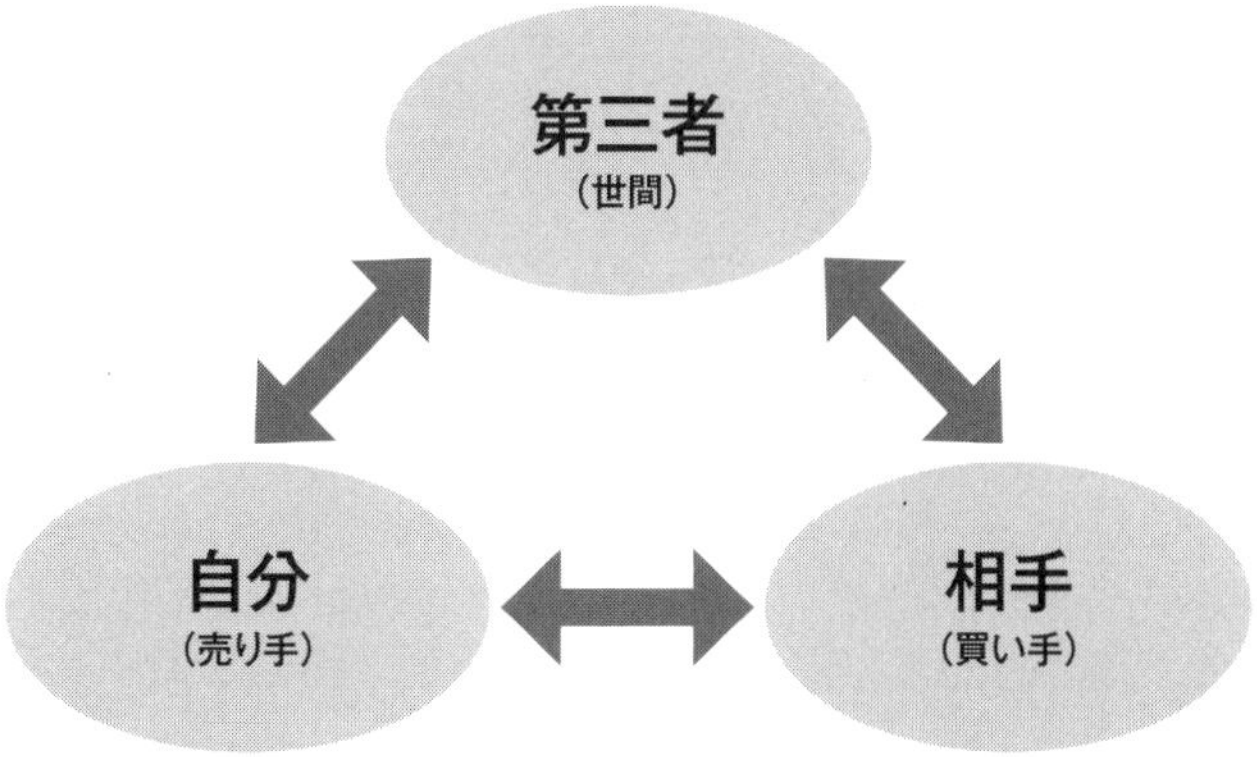

「売り手よし、買い手よし、世間よし」。近江商人の経営理念として知られる

しかし、レベルの高いコミュニティは、それだけではないのです。コミュニティ――分けてもビジネスコミュニティは、境界線の外側も含めて、「自分がよく、相手もよく、社会もよい」関係とすることが理想です。

私は月に1回、院長会議の際、理念の確認の一つとして、「三方よし」の話をよくします。**「三方よし」とは、「自分よし、相手よし、まわりよし」**のことで、近江商人の経営哲学の一つです。「商売においては、売り手だけではなく、買い手と社会に貢献できてこそよい商売と言える」という考え方です。

これを歯科医院に当てはめると、医院が

発展して利益が増し、院長の給料が上がったら、同時に患者さんへのケアもより質を高めて、また、スタッフには働きやすい労働環境を提供し、給料も利益に応じて増やすということになります。つねに「三方よし」の医院経営をすることにより、医院は継続的に発展するのです。

コミュニティも同じです。ミリオネアデンティストクラブは、メンバーが歯科医院経営で利益を増やすためにセミナーは情報交換を行っていますが、そうすることでブラッシュアップされるノウハウは、結果的に患者さんの利益にもなっています。

たとえば、ミリオネアデンティストクラブのメンバーは患者さんに対して、日常的な口腔ケアの大切さを説き、ケア方法を指導しています。また、予約のキャンセル率を飛躍的に下げる対策法を共有し、実践しています。これらは歯科医院の利益を高める施策ではあるのですが、同時に、虫歯を減らす、虫歯の悪化を食い止めるという意味で、患者さんの利益になります。

診療台のサイドテーブルに並べる治療器具や薬品の配置を工夫したり、歯科医師と歯科衛生士の役割分担を徹底したりして、診療にかける時間の無駄を省くことも、利益追求の施策ではあるのですが、患者さんにとっても、歯科医院にいる時間の短縮になるため、メリットなのです。

多くのコミュニティは慈善団体でもなければ、ボランティア活動でもありません。しかし、成長するコミュニティや成果の上がるコミュニティは、**その活動によって自然と「三方よし」の状態をつくり、社会貢献につながる**のだと思います。

また、ミリオネアデンティティストクラブには、主要メンバーとして財務コンサルタントが参加しています。ビジネスコミュニティの活動において、財務に詳しいメンバーは極めて大切な役割を担うので、あらためてその重要性を説いておきましょう。

優秀な財務コンサルタントは、税金対策が徹底しています。そして、一般的に、税理士の税金対策はその対極にあると言わざるを得ません。

なぜそのようなことになるのでしょうか。理由の一つ目は、税理士がそこまで深く節税を勉強していないことが挙げられます。また2つ目の理由としては、節税の詳細な方法をクライアントに教えると、月額顧問料は変わらないのに、仕事が増えるという事情があります。

さらに理由の3つ目は、税務署との関係にあります。テクニカルな節税スキームをクライアントに伝えると、税務署から税理士事務所にクレームが入ることがあるのです。経営リスクを回避する点から、徹底した節税は避ける傾向にあります。

優秀な財務コンサルタントがメンバーに含まれるビジネスコミュニティでは、それまでは不可能だった高度な節税を行うこともできるのです。現状、ミリオネアデンティストクラブには節税額が、年間1000万円に達したメンバーもいます。利益が1000万円伸びてもそこに税金がかかりますが、節税額はそのまま利益となります。

ビジネスコミュニティにおいては、優秀で信頼の置ける財務コンサルタントをメンバーに迎えることが理想なのです。こうした工夫も、医院運営を安定化させ、三方よしを実現することにつながります。

さらなる価値向上を追い求め続ける

最後に補足として、より発展的な内容にもふれておきましょう。私自身としては、ビジネスコミュニティに、「ストックビジネス」の考え方を取り入れるべきだと考えています。この場合のストックビジネスとはつまり、労働集約的な事業とは異なり、仕組みによって継続的に収益を得られるビジネスモデルを指します。

ビジネスコミュニティの目的の一つは、当然のことながら利益の向上であり、事業の安定化や成長が主眼となります。そのためには、事業そのものを伸ばすだけでなく、収益源として、継続的に利益を得るストックビジネスを目指したほうが有利になります。そのために、ビジネスコミュニティの仕組みを応用してみてはいかがでしょうか。

たとえば、経営術の伝授などは、SNSなどを使い、1対1で行うことも可能です。しかしこの方法だと、取引ごとに利益を得るフロービジネスになってしまいます。それでは、利益の大幅な伸びは期待できません。そこでコミュニティ運営では、セミナーなどをストックビジネスにし、継続的な利益を上げることを検討してみましょう。

優れたコンテンツによって優れたメンバーが集まれば、それ自体がビジネスになります。さらに、自然に人が集まることによって、収益が生み出せるようになれば、ストックビジネスの豊かな土壌を形成できます。結果的に、自分を取り巻く経営環境を改善していければ、それがビジネスコミュニティの理想形となるでしょう。

歯科医院、クリニック、整体、ビューティサロン、レストランといった店舗型で労働集約型のビジネスの場合、ストックビジネスを行うことはなかなか難しいのです。しかし、これらの業種もビジネスコミュニティを用いることで、ストックビジネスを取り入れることが可能になります。つまりビジネスコミュニティは、収益の構造を変化させる力も秘めているのです。

ただし、収益を上げることだけがコミュニティの本旨ではありません。やはり、相互に信頼関係を築いており、メンバー同士が家族のように親しく交流できるのが理想です。なぜなら、何でも話せる関係性があることによって、情報交換がより有益になり、相談内容や議論も深まっていくからです。

そのようなコミュニティの本質を理解せず、秩序を乱す言動をする人物が加われば、コミュニティは正常に機能しなくなる恐れもあります。ビジネスコミュニティにおいて見られる秩序を乱すケースの典型は、コミュニティに対するギブがなく、テイクの権利を主張するタイプです。コミュニティがギブ・アンド・テイクによって成り立っていることは、すでに述べたとおりです。

もし、メンバーを募る段階でこのタイプの人だと判別できたなら、主宰者は、入会をブロックする必要があります。そのようなリスク管理は、主宰者の重要な役割と言えるでしょう。コミュニティへの参加を有料にしつつ、たとえ高額であっても一定の金額を設定しておく理由はそこにあります。コミュニティを健全な状態に保つことが、価値の維持にもつながるのです。

また、ビジネスコミュニティは小さな〝社会〟でもあります。そのため、その中において各種ハラスメントが発生する可能性もあります。それを予防するためにコミュニティ規約を明文化するのも一つの方策です。ただ、それ以上に大切なのは、揉め事が起こらないコミュニティを標榜し、その実現のためにメンバーそれぞれがコミュニティ内で活動することでしょう。

私自身としては、ミリオネアデンティティストクラブをつくるにあたり、「個を尊重する」をルールとしました。そのうえで、「家族と思える環境をつくりましょう」と呼びかけています。そうすることによって、ハラスメントを始めとするトラブルの種を事前に摘み取り、ともに高め合えるメンバーのみを集め、成長を実現しています。

おわりに ～ビジネスコミュニティが経営を加速させる～

最後まで読んでいただき、誠にありがとうございました。

本書を通じて繰り返し述べてきたように、どのようなビジネスにおいても、その未来を左右するのは、運営者（代表者）の考え方に尽きます。どれほど有望なビジネスに従事していても、それを運営する人が正しい考え方を身につけていなければ、望むような成果は得られません。とくに現代のような、変化の激しい時代であればなおさらです。

新型コロナウイルスのパンデミックが起きる以前から、現代社会は「ＶＵＣＡの時代」と言われてきました。ＶＵＣＡとは、「Volatility（変動性）」「Uncertainty（不確実性）」「Complexity（複雑性）」「Ambiguity（曖昧性）」の頭文字をとったもので、変動し、不確実であり、複雑かつ曖昧なのが、現代社会という意味になります。

その背景にあるのは、インターネットを始めとするテクノロジーの急速な進化と、多様化する価値観、さらには人々が置かれている状況とそれに伴う情報（発信と受信）も、個々の大きな違いを生んでいます。もはや、地域や国単位という垣根を超えて、変化の兆しがあらゆるシーンに存在している、それが現代社会なのです。

ただ、どれほど変化が激しい社会においても、私たちはそれに対応していかなければなりません。とくにビジネスにおいては、「経営とは環境適応業である」とも言われているように、経営者ほど変化を敏感にかつ瞬時にとらえ、そこに適応していくことが求められているのです。

私が従事する歯科医院経営においても、直接的なビジネスとの違いはあるものの、経営であることに変わりはありません。そのため、基本的な歯科技術だけでなく、医院をどう経営していくのかを、外部環境の変化を踏まえて適切に判断していく必要があります。それができなければ、時代の流れに淘汰されてしまっても仕方ありません。

そのために必要なのが、経営のための正しい考え方であり、それを支える日々の情報収集や学び合いです。とくに、同じ志を持つ者同士が集まってコミュニティを形成し、そこで学び合い実践し合う仕組みをつくれば、それが考え方をよりよいものへと導いてくれます。本来、そのような仕組みは、いつの時代にも必要なものなのです。

ここ十数年の間に、歯科医院を取り巻く環境も大きく変わりました。かつては「町の歯医者」として安定していた経営環境も、少子高齢化や人口減少に伴い、潰れてしまうケースが増えてきています。競争が激しくなると、これまでのようなやり方ではなく、よりよい考え方のもとで、意思決定をしていかなければなりません。

他の業種・業態も同様です。どのようなビジネスも、未来永劫、安泰ということはありません。変わりゆく時代、変わりゆく社会の中で、人々のニーズを捉え、無駄をなくし、選ばれるような存在になる必要があります。当然、組織として活動していくのであれば、組織論、リーダーシップ、マーケティングやマネジメントのノウハウも不可欠です。

そうした学びを止めないこと。そのために、ぜひ、本書で提案するビジネスコミュニティを活用してみてください。自分でイチからビジネスコミュニティを立ち上げてもいいですし、すでにあるものに参加してもいいでしょう。いずれにしても、それらのコミュニティに参加することで、自身の活動を前に進めていってください。

本書が、そのためのヒントになったとすれば、著者として望外の幸せです。

２０２１年12月

松岡督明

限定特典付き！読者の皆さまへのご案内

業界ごとのコミュニティをつくるために必要な『ブランディングセット』をプレゼント！

最後までお読みいただき誠にありがとうございます。
本書がみなさまの人生を変えるための一助となれば幸いです。

この本を読んで、「自分の業界でコミュニティをつくりたい」「本業を多角化したい」「発信する側の人間になりたい」と思われた方もいると思います。
そんな方のために、コミュニティをこれからつくるという方をサポートするための環境を用意しました。

少しでも興味のある方は、下記のQRコードからアクセスして「ビジネスコミュニティ開設事務局」にぜひご登録ください。

↓↓↓

松岡督明（まつおか よしあき）

1985年、岐阜県出身。『医療法人百花繚乱』理事長。
「技術は高いのに、経営力が足りていない」多くの歯科医院院長を救いたい一心で、情報交換の場としてビジネス・コミュニティを立ち上げる。その後、コミュニティのさらなる価値向上を目指して、歯科経営者の速度感ある経営改善を目的とした『Millionaire Dentist Club』、歯科医師の人生単位の豊かさを実現するための『Happy Dentists!』、仕事以外の側面も充実をはかるための『M salon』、世界で1番成果を出すユダヤ人の教育方法を伝える『ユダヤコミュニティ』という4つのコミュニティを運営。各種投資活動、その他事業などの幅広い活動を展開しながら、常に患者さん、スタッフ、医院の「三方良し」を事業理念のベースとし、5つの歯科医院の院長・理事長を務めながら5社を経営する他、リハビリセンターなどの経営も行っている。

ビジネスを急加速させる武器を手に入れる
最強のコミュニティ

2021年12月31日　初版第1刷発行

著　者　　松岡督明
発行人　　津嶋 栄
発　行　　株式会社フローラル出版
〒163-0649　東京都新宿区西新宿1-25-1
新宿センタービル49F　＋OURS内
TEL　03-4546-1633（代表）
TEL　03-6709-8382（注文窓口）
注文用FAX　03-6709-8873
メールアドレス　order@floralpublish.com
出版プロデュース　　株式会社日本経営センター
出版マーケティング　　株式会社BRC
印刷・製本　　株式会社光邦

ISBN978-4-91001-719-8　C2036